北大路BOOKLET 04

これほどまでに不登校・ひきこもりを生み出す社会とは何なのか？

中原恵人・伊藤哲司

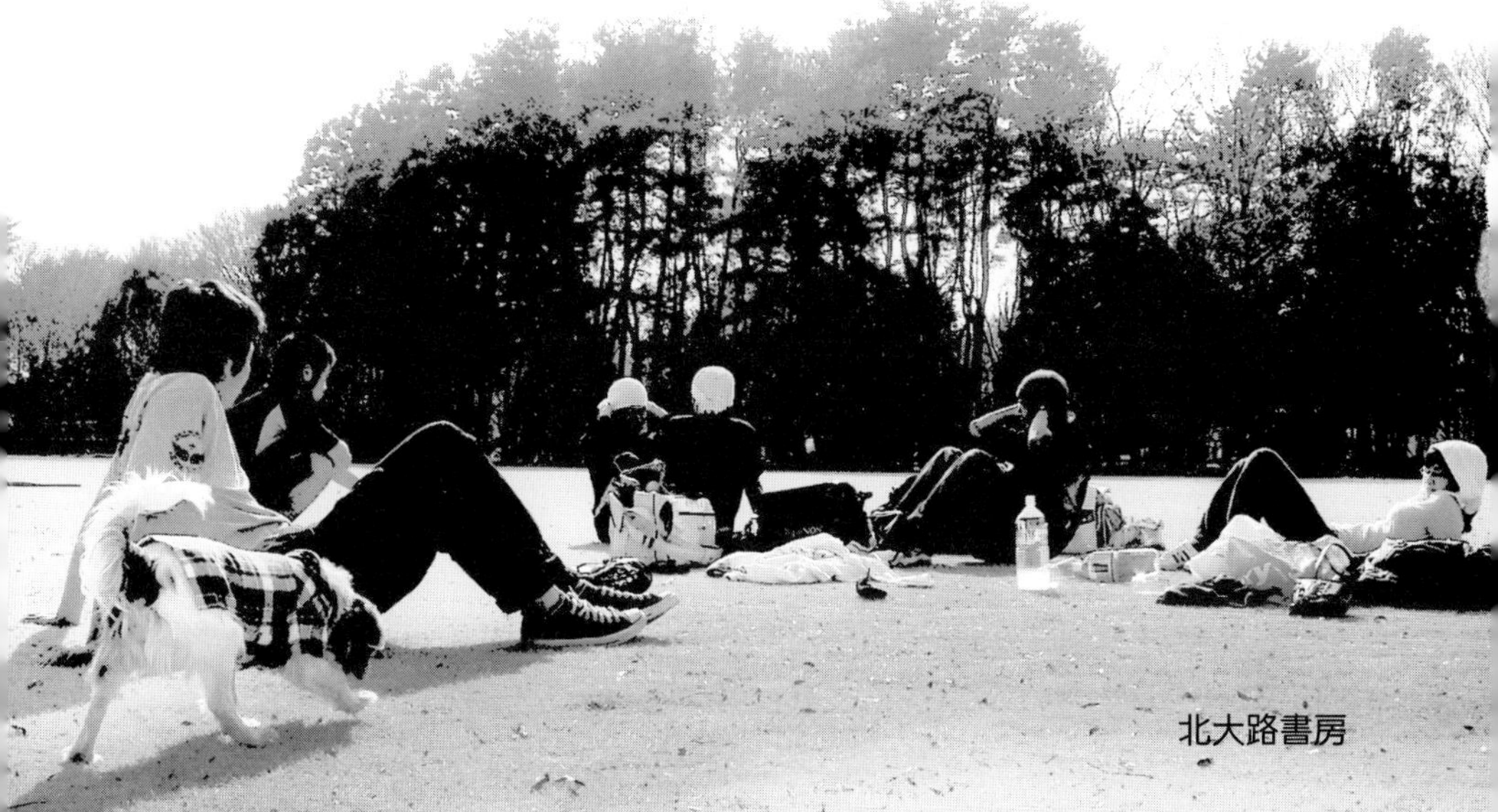

北大路書房

世界

中原恵人《しげと》

くるくるまわれ
まわれくるくる
やがてすべては光の影に解け合って
円を描き消えてゆくよ

見えるモノだけで創られていない
見えないモノだけでも創られていないこの世界
世界は普遍を求めている
だから答えなんかどこにもない
僕らはそこに生きるだけ

ひとつにまとまろうと思えば思うほど分裂するこの世界
増殖するも絶滅するもひとつのストーリー
けれど戦いをあきらめないから
そこにももうひとつのストーリー

だから真実はいくつもあるんだ
僕らはそこに生きるだけ

くるくるまわれ
まわれくるくる
やがて右は左に　左は右にシフトして
円を描き消えてゆくよ

僕らは彼らを飲み込み　彼らは僕らを飲み込むこの世界
戦うのか降伏するのか
そもそもこれは戦いなのか
それともこれこそが生きるということか
広げた両手の幅だけの　愛の詩を歌いながら
僕らはそこに生きるだけ

くるくるまわれ
まわれくるくる
光と影の織りなすこの世界
僕らはそこに生きるだけ

もくじ

はじめに

「不登校・ひきこもり問題」について語られるのを目や耳にするとき、常に違和感があります。それは一言で言うと「バランスの悪さ」からくるものです。

「バランスの悪さ」とは、例えば、「不登校・ひきこもり問題」に苦しむ子どもや若者へのケアばかりに目が向き、「当事者の心の問題、思春期の心のケア」として論じすぎること です。さらには、「不登校になったのは学校側の不手際に原因がある」として教師などを糾弾しすぎること、あるいは「結局は親の教育、家族の問題だ」として親へのプレッシャーを強めすぎることなどの〝視点の偏り〟がそれです。

また、これらの問題に関心を寄せるのが、当事者やその家族、関係者のみであり、その人々に向けてのアプローチしかとられていない、つまり狭い範囲の社会においてしか「不登校・ひきこもり問題」が論じられていないという点にも「バランスの悪さ」を感じてしまいます。

さらに、「不登校・ひきこもり問題」における「問題の解決」とは何を指すのかという共通認識の欠如にも「バランスの悪さ」を感じます。つまり、家から出られなくても家族と良好な関係を保てるようになれば解決なのか、学校の保健室へ登校が出来るようになれば解決なのか、友人もいないし将来の方向も決まっていないけれど本屋などに外出が出来るようになれば解決なのか、そういった曖昧な定義のもとに議論が無理やり進んでゆくことが多々あります。

これら様々な「バランスの悪さ」はどこから来るものなのか。それは「社会」という視点の欠如に他なりません。

「不登校・ひきこもり問題」とは「不登校である」、「ひきこもっている」というその状態が問題なのではなく、「人間の生、生き方の根本が問われているのだ」と捉える必要があるのです。つまり、「いかに個人として社会の中に成立できるか」、「多くの人と関わりながら、いかに自己を確立するか」ということが問題になっているのです。それを踏まえて「社会」という視点を持ちえれば、当事者、その家族、学校に加えて、当然「社会のあり方が子どもや若者に与えている影響」という観点からもこの「不登校・ひきこもり問題」を論じなければいけませんし、そうなればまた、これらの問題に直面していない人々をも巻き込む形で議論が進められなければいけません。そしてその結果、「問題の解決」とは「子どもや若者が社会の中で自分らしく生きていけるようになること」と定義できるはずであり、それはすなわち「不登校・ひきこもりの子どもや若者を生み出さない社会をつくること」となるはずです。

そうした中、二〇〇六年冬、「不登校・ひきこもり問題」に取り組むＮＰＯ法人『Future School ＊燦《さん》＊』主催のトークイベント「僕達の本当のはじまり」が3週連続、全3回行われました。一回目は11月23日、土浦市の「ギャラリーまちかど蔵」において、『Future School ＊燦＊』から大学に進学し、心理学を学んだ元不登校児をゲストに招き、「当事者の本音と家族のあり方」をテーマに。二回目は12月2日、水戸市の「ギャラリーリーフ」において、社会心理学者であり、茨城大学教授である伊藤哲司先生をお招きし、「マクロに不登校・ひきこもり問題を考える」というテーマで。そして三回目は12月9日、つくば市の「Cafe de　しっぽな」において、中高一貫私立学校の元教頭先生をお招きし、「教育現場から見た、現代の子どもたち、親たち」というテーマで、それぞれ『Future School ＊燦＊』理事長である私（中原）との対談形式でイベントは進行しました。

このトークイベントでは前述の「不登校・ひきこもり問題」における「バランスの悪さ」を払拭するため、いくつかのチャレンジをしました。

一つ目は、会場です。普段、私が講師として招かれる「不登校・ひきこもり問題」に関する講演会では、味気ない会議室、ホールなどで堅苦しく淡々と講演が進行しますが、『Future School ＊燦＊』主催である今回は、会場をギャラリーとし、不登校・ひきこもりの子どもたちと暮らす中から私が紡いだ詩と、友人であり『Future School ＊燦＊』にも様々な形で関わってくれている写真家・政井義和氏が撮影した東南アジアの子どもたちの写真（写真詩集『永遠などないと思っていたから』として二〇〇六年夏に新風舎から出版）を、そしてまた二回目には伊藤先生がお撮りになったベトナムやタイの子どもたちの写真もスライド上映し、「人間の生、普遍性」を感じさせる雰囲気を演出しました。

二つ目は、聞きに来てくれる人たちの層です。やはり普段こうした「不登校・ひきこもり問題」の講演会に参加しているのは当事者の家族がほとんどです。しかしもっと支援体制を広く深くしてゆくためにも、保健師さんや教師、さらに学生さんたちの参加が望まれますし、ひきこもりの若者たちの就労という点からは地元の事業主さんや民生委員さんなど、一見これらの問題とは無関係に見える人たちにも参加していただく必要があります。その点を考慮し広報をした結果、毎回定員が20～30名ほどの小さなトークライブでしたが、当事者関係者、支援関係者、事業主さんなどの地域の人々がそれぞれ約3分の1ずつと、幅広い層から参加をしていただけました。

そして三つ目の試みは、トークライブの内容でした。私は日頃、「不登校・ひきこもり問題」を捉えるミクロ・マクロ・メゾ（中間）の三つの視点の重要性を述べているのですが、前述の通り、一回目は「当事者へのミクロな視点」、二回目は「社会の問題としてどのように捉えるべきかというマクロな視点」、三回目は「学校関係者からのメゾな視点」と視点別に全三回で構成し、それぞれの視点を持ちえているゲストとじっくりと話し合う形としました。

結果、それぞれの視点において有意義なトークが出来ましたが、中でも二回目の伊藤先生とのトークライブは、異なる立場にありながら共通の問題意識をもっている私と伊藤先生が、今の子どもたちや若者を取り巻く状況について、そうした問題をこれほどまでに生み出す社会とは何なのかといったことに注目し、「マクロな視点、社会という視点」から「不登校・ひきこもり問題」に切り込んだという意味で画期的なものとなりました。

その当日の対談を文字起こししたものに加筆修正を加えたものがこのブックレットです。「不登校・ひきこもり問題の本質とは何か」「またその解決とは」ということをより多くの人々に理解していただき、「共にこの社会に暮らす中で無関係な人間はいない」という点で一人でも多くの方の協力を得、「子どもや若者が社会の中で自分らしく生きていける」そんな未来へのキッカケになれば、また、「不登校・ひきこもり問題」に直面している家族、支援者にとっても、新たな視点を得るヒントになれば幸いです。

それでは、約二時間にわたる私達の熱い語りに、しばし耳を傾けてみてください。

『Future School ＊燦＊』理事長　中原恵人《しげと》

自己紹介

中原　こんにちは、ＮＰＯ法人『Future School ＊燦＊』（以下『＊燦＊』）代表の中原恵人です。不登校・ひきこもりと呼ばれる子どもたちとともに日々を過ごし、12年目を迎えますが、今日はそんな中から見えてきた、不登校・ひきこもり問題の根本的な部分についてお話できればと思います。よろしくお願いします。それでは、まず簡単に自己紹介をさせていただきます。

こう見えても、小さな頃地元では神童でして（笑）。全然勉強もせずに、中学受験で東京の中高一貫の超有名進学校に入れまして、そのまま順調に行けば今頃は東大卒だったのかなと思うのですが、まあ人生そんなに甘くないですね。結局は田舎のガキ大将で、都会の優秀なサラブレッドにはかなわないという。そして高校生のときにクラスメイトたちと揉めてしまって、それまで学校大好きっ子で、クラスでもリーダーだったのが一気に崩れてしまって、「本当の友人なんて一人もいないんだ！」「俺の居場所なんか学校にはない！」みたいな感じになり、どんどん学校からはずれていきました。

それでもどうにか卒業はできたのですが、どうにかしても大学には入れずに、その後三年間ほど、どうしようもない生活が続いたんです。自分の中では「このままじゃいけないんじゃないか」「俺はこんなはずじゃなかった…」という気持ちをずっと抱えていましたが、そんな僕を見て母親は毎日泣いていて、近所の人からも白い目で見られ始めて、小学生時代の同級生に会うのが非常に嫌でしたね。またテレビなんかで同世代の子の大学生活のドラマなんか見ると、もう痛くて痛くて…、心が。虚勢は張っているけれど、心の中では一言では言えない感情、思いがグチャグチャに渦巻いていました。

でも、やっぱりこのままじゃダメだと、そんな簡単な一言ではすまないぐらいいろいろあったのですが（笑）、一人旅に出て、その中で「もう一度自分の人生をやり直したい」と思うようになり、一年間必死で勉強して筑波大学に合格し、社会に復帰しました。それでなんとか大学生になったのですが、もういい歳だったので、自分でどうにか生活しようと思って、生活費を稼ぐために学習塾を立ち上げたんです。筑波大合格を目指す進学塾を。

けれど入塾してくる子はヤンキー中学生ばっかりで、補習どころか本当に勉強しないわけですよ。「ウィーッス」とか言って塾に入って来て、「今日学校休んじゃった！」とか言いながら寝転がっちゃうんですね。もう完全に塾ではなくて〝たまり場〟です。そこで「お前、勉強しろよ！」とか言っても「絶対イヤ〜」とか言う子を、どうやったら勉強させられるのかいろいろ試行錯誤しました。勉強だけではなく、ギターなどの楽器を教えたり、日曜日には子どもたちとフリーマーケットやストリートダンス大会を主催したり。そんなことをずっとやっていたんです。

そしたら、それが口コミで広まっていくうちに、ある親御さんが僕のところに訪ねてきて、「実はうちの子、学校に行ってないのだけれども、昼間に勉強じゃなくて遊びを一緒にやってくれる塾があるって聞いたのですが…」って言われて、「いや…、進学塾のつもりなんだけどなぁ…」って思いながらも、「まぁ、イィっすよ〜、来てみてください〜」なんて軽い気持ちで受けたのが、いわゆる不登校・ひきこもりの子どもとの最初の出会いなんです。

そうして、夜にヤンキー君たちが塾に来て、昼間には学校に行かない子が来始めて、気がついたら僕が大学に行けない不登校状態が続くわけです（笑）。結局、大学に6年間も行くしかなくて、30歳前にどうにか卒業できました。

こうして、学生時代から今に至るまでそういった子どもたちとの生活が続くわけですが、当初は「不登校って何だろう？」という手探り状態から始めた感じで、ともかく体当たりで子どもたちと過ごしてきました。現在も、とにかくその子たちと一緒に時間を過ごす、様々な体験をともにして向き合う、ということを真ん中に置き、子どもたちは〝生徒〟ではなく〝燦キッズ〟と呼ばれ、僕らも〝先生〟ではなく〝しげちゃん〟、〝まっちゃん〟などと呼ばれ、そんな中で時間を重ねていくことで何か生まれるものがあり、僕らが「救ってあげる」とか、「面倒見てやる」なんてことは本当に思ってもいなくて、一緒にいるだけ。そんな感じで日々を過ごしている36歳です。簡単な自己紹介と言いつつかなり長くなってしまいましたね（苦笑）。

伊藤　では私も少し自己紹介をさせてください。みなさん、こんにちは。伊藤哲司と申します。中原さん、私より若いのに、すでに波瀾万丈の人生を送ってきたんですね。自分の人生はそうでもないかな。年齢から先に言いますと42歳です。茨城大学の人文学部に勤めていて、そこで社会心理学を担当しています。一応これでも心理学をやっているんですけども、いわゆる巷《ちまた》の心理学者のイメージとはだいぶかけ離れた仕事をしているのかなと、自分でも自覚をしているような次第です。

今日はここにたくさん子どもたちの写真が飾られていますが、私も写真を撮るのが好きで、ベトナムとかタイとかへと

（正面右から、中原、伊藤、政井）

きどき足を運び、よく写真を撮っています。心理学をやっている人間でベトナムなどに研究の関心を持って行く人って実際ほとんどいないんですよね。「心」に興味のあるのが心理学者ですから、心に興味のある人はあまりベトナムのような遠くの世界には行かないんですよ、普通は…（笑）。だけど、私はへそが曲がっているというか、何かちょっと違う方向を向いているのかなっていつも思うんですけども、ともあれベトナムによく足を運んでいます。

それで、どんなことをやっているかということは、今日の話の中で少しご紹介できるかなあと思うんですけども…。

実家は名古屋です。今住んでいる水戸にはまったく縁がない幼少時代を送りました。水戸で知っていることといえば、ここに来る以前は、「水戸泉」、とかですね。それから「水戸納豆」「水戸黄門」……。

中原　「水戸泉」が最初に出てくるんですね（笑）。

伊藤　水戸の地に赴任してきた28歳当時は、本当にそれぐらいのことしか知りませんでした。ここにいるのは、せいぜい10年くらいかなと思っていたんですけど、もう14年目に入って、まだいるという…。茨城のこの地も、居心地はそんなに悪くないなって思っています。良くも悪くも保守的な土地柄でいろんな複雑な思いは抱きますけども、気候的にもまあまあいいし、人情もあるし、ここが終《つい》の棲家になるのかどうか、自分の可能性を狭めてしまいたくはないし、まだわかりませんけどね。

　今日このような場に出てきたのは…、不登校とかひきこもりとかっていわれる子どもたちに、あるいは若者たちに、私が直接接して何かやっているっていうことではないということをまず言っておく必要があると思うんですね。正直な話、「こういう問題があるのですが、どうしたらいいでしょうか」と相談されても、中原さんと違って私にはよくわからないんです。心理学者というとカウンセリングをする人っていうイメージがあるかもしれませんが、私はカウンセラーではありません。カウンセリングをやったこともありません。ですから、そういうアドバイス的なものを求められても、ちょっと困ってしまうという、そういう人間です。

　ただ、こういったひきこもりとか不登校とかという子どもたちが、あるいは若者たちがたくさん出てきている、そんな今の社会はどんな社会なんだろうかということを、社会心理学の立場から考えてきているつもりです。

　心理学をやっている人には「心」にしか関心がないように見える人もいますけれども、中原さんはもっとずっと広い視野をもっておられますね。中原さんに最初にお会いしたときにそれはすぐわかりました。それで、協力し合ってできることが少しはあるのかなと思って、今日はこの場に出させていただきました。

　さて、そろそろ話の本題に入りたいと思いますが、まずいくつかのことを教えてください。中原さんたちはこれまで、若者たちのサポート活動をずっと続けておられますね。どのように不登校・ひきこもりの子どもたちの問題を捉えておられるのでしょうか。そしてどういう立場から、若者たちとどんな関わりをされてきているのでしょうか。まずそれらの点を教えていただけますか。

不登校・ひきこもり問題の構造とそれを捉える三つの視点

■問題を捉える三つの視点

中原　わかりました。僕が主宰している『＊燦＊』をどのように位置づけて僕たちが活動しているかを、講演会のときに使用している図を見てもらいながら説明したいと思います（図1）。

僕は不登校・ひきこもり問題を三つの視点で捉えなければならないと思っています。

ひとつ目は「**ミクロの視点**」ということで、この図の真ん中にいる人物で「不登校」「ひきもこり」の当事者への視点ですね。つまり、不登校・ひきこもりで苦しむ、その子の心やこれまでの歴史、そして現在の環境、そういったものにフォーカスしていくという視点です。

次に、その子には家庭と学校というフィールドがあって、その重なった斜線部分の中で毎日を暮らしていますが、この実生活を営んでいる部分へのフォーカスが、中間という意味の「**メゾの視点**」です。ここでは、家族関係、学校の教師や友人との関係、そこでの問題などを捉えていきます。

そして最後に、大きなお皿のようにそのまわりを取り囲む社会というものがあり、そこへのフォーカスとして「**マクロな視点**」があります。これは、後ほど述べますが、当事者や家族のみの問題に見られがちなこれらの不登校・ひきこもり問題をいかに社会の問題として捉えるかということが求められます。

伊藤　その中で中原さんたちの活動はどこに位置づけられるのでしょうか。

中原　はい、右上の円の中に『＊燦＊』と書かれている部分、社会の大きなお皿の上には乗らずに乖離している場所、ここが僕ら『＊燦＊』の位置だと考えています。

もう少しこの図についてお話すると、まず、子どもたちはやはり、家庭と学校という場所だけにほとんどの重心があるんですね。つまり家庭と学校の往復のみで一日が終わってい

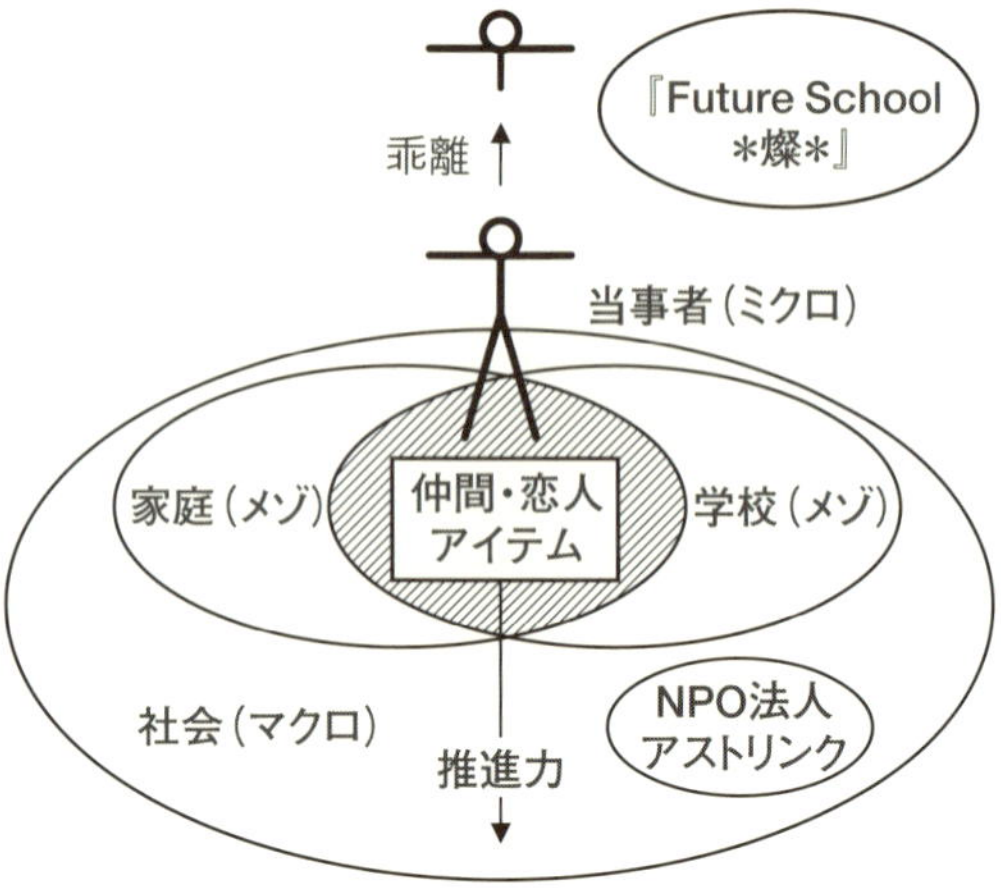

◎当事者の多くは、家庭と学校の交わる斜線部に位置します。そして、仲間、恋人、様々なアイテムという「社会の中で生きてゆく推進力」なるものをその斜線部の中にしか持たない状態で不登校・ひきこもりという家庭、学校からの乖離が続くと、社会という大きなお皿からも乖離してゆくこととなります。

◎NPO法人『Future School＊燦＊』は社会から乖離してしまった当事者のより所として、第一段階としては、社会から乖離した位置で当事者に寄り添う形で存在します（＝ユートピア）。しかし、当事者及び家族に向けて様々な支援を直接行ないながら、その段階に応じて、再び社会へ結びつくための通路としての役割も担うため、「ユートピア」と「社会」という二面性をバランス良く内包している必要があります。

◎NPO法人『アストリンク』は、当事者に寄り添いながらの直接支援活動とは異なり、総合窓口による家族への情報提供、行政・教育・医療・支援団体などの連携関係構築、支援団体への支援、さらには国や県や市町村への提言といった、いわゆるマクロな活動を行うために設立されました。ゆえにこの図では社会（マクロ）の中に存在する形で表記されています。

図1

くという。そして仲間や恋人、いろいろなアイテム――これは部活やバンド活動や趣味などの打ち込んでいるものや、あるいは研究、勉強、バイトといったものも含む、社会へアクセスする媒体を指しますが――といったものもほとんどその往復の中にしか存在しないんです。

先ほどお話しした僕のライフヒストリーの中で、なぜ僕が一人旅に出て、その後大学に入学するということができたかというと、それは一見すると一人の力のようですが、僕は学校以外に、この図1での斜線部以外の場所、つまり社会の中に仲間が結構いたんです。バンドだったり、バイトだったりの中で年上の友人や話を聞いてくれる第三者的な大人が。でも、今の子どもたちは、そのような仲間、恋人、アイテムが社会に存在しているというよりは、この斜線の部分の中だけに存在していて、社会に出ていくためのナビゲーターや後押ししてくれるような人物、アイテムを学校や家庭以外の場所に持っていないのではないかなと思います。

そして不登校・ひきこもりになるということは、この斜線の部分からその子が浮き上がっていくということです。学校にも行かない、家庭の中でも秩序が保てなくなってくるというように。そんなとき、誰か話を聞いてくれる存在が社会の中にいない…、そうなるとこの社会というお皿の上に乗かっていること自体が苦痛になってくるわけです。そうして不登校・ひきこもり状態へと加速していくんです。

伊藤　そんな状況の中で、中原さんたちは長年にわたって若者支援の場作りをされてきましたね。具体的にはどんな場を作ろうとしてきたのでしょう。

中原　はい。そのときに僕らNPO等の支援団体――「支援」という言葉もどうかと思いますし、普段はまず使わないのですが、今日は便宜上使用しますね――がどのように存在するべきかというと、僕はユートピアとして存在するべきだと。つまり、「苦しんできたこれまでの時間」とは別の次元であるような、「背を向けてしまった社会や現実」が垣間見えてしまわないような、夢の世界の中に最初は存在しなければならないのではないかと思っています。

と言いつつも、僕が『＊燦＊』に来たばっかりの小学6年生にすごく優しく「そうか～、学校行きたくないのか～、そうだよね～」と気を遣って話しているときに、うちのカミさんが元気に「こんにちは！」と入ってきて――うちのカミさん全然違う仕事をしていて、不登校とかひきこもりとかにまったく興味がないというか、分け隔てないサバサバした人で――「あら、あんた、見たことないわね。なんていう名前なの？」とズケズケ聞いて。その子は小さな声で、「…リョウタです」とどうにか答えると、「えっ？　何って？」とさらに…（笑）。そしてまたその子「リョウタです…」とどうにか答えるわけですよ。僕は内心「ヤバイ、ヤバイよ」とすごくドキドキしているところにさらにカミさん「あんた、小6で学校行ってないの？　それっておかしくない？」と言っちゃって（会場　笑）。「あー言っちゃった～！」と。でも、僕が一生懸命優しく話をしていても心を開かなかったのが、「あ、すみません。明日から行きます」みたいなことをその子が言って…。それからは笑いながらいろいろ話すようになって。「ああ、こういうやり方もあるんだな」というようなこともあるんですが…。

でも、基本的には、最初の段階では「学校に行けるようにしよう」とか「就職できるようにしよう」などと僕らは一切言いませんし、『＊燦＊スタッフ』も「今の君でいいんだよ」「そこに必ず意味があるんだよ」というアプローチをとり、学校を含む社会というものに無理やり接点をもたせようとはしません。そこで初めて子どもたちは、「ここだったらしばらく居られるかもしれない」「ここだったら混乱している自分の話を聞いてもらえるかもしれない」「ここからだったらやり直せるかもしれない」という絶対的な安心感を本能的に感じとるんですね。

そして先ほども述べたように、僕らは支援するとか、治そうとか、学校に復帰させようとか、社会に送り戻そうなんてことを、最初は一切考えません。「最近どんな本読んでる？どんなテレビ見てる？」「テレビは見ない…」「だよね～、俺も何だかこう胸が痛くなるから見なかったよ～」といった話を、ずっと誰にも邪魔されない、誰の目も気にしないでいい、ユートピアの中でしているような日々なんです。「今、現在」のその子を見つめるという感じです。

しかしその一方で、その不登校・ひきこもり問題の現実、つまり、「どのような分類に当てはまるひきこもりなのか」、「その子の精神状態はどうか」、「ひきこもりの原因はどこにあるのか」という部分も、僕たち支援をする側は同時に考えていく必要があるんですね。僕らまでがユートピアの住人として安穏と存在してしまうと、子どもたちは本当に社会復帰ができなくなりますし、どこかで冷静な現実の目というものを僕らはもたなければいけないと思います。

伊藤　現状にとりあえず対応したユートピアのような場所を提供するだけでは十分ではないということですね。問題の解決のためにはそのような問題が生じている原因の分析が必要だと私も思います。中原さんは、その不登校・ひきこもりの原因というのは、どのあたりにあるとお考えですか。

■原因はどこにあるか

中原　こういった問題に詳しくない友人たちからよく、「ねぇ、最近『不登校・ひきこもり』ってよく聞くけどさ、何なの？　何が原因なの？　誰がいけないの？」とすごく直線的な質問を受けるんですけど（苦笑）、そんなときは迷わずに「本人だよ」「その子が弱いからいけないんだよ」って僕も直線的に答えるんですね。逆に質問してきた人間が「えっ、そんなふうに言っていいの？」みたいな顔をするんですけど。そんなときにさらに説明するのが、次の図2の話です。

それは、「公害問題と同じ構図じゃない？」という話です。例えば、喘息《ぜんそく》の原因となるような汚染された空気の下でも、喘息の出る子と出ない子がいるわけですよね。そんな同じ環境下でも、その子の身体がそれに対して弱いか強いかという単純な理由で、弱い子はやっぱり喘息が出てしまうし、強い子は出ない。そういった意味で、「不登校・ひきこもりはその子が弱いからだよ」と言うんです。必要以上にその子をかばわない。

ただ、その子がすべて悪く、根本的な原因がその子にあるのかと言われればそれはちょっと違うと。なぜなら、その公害の元を作っているのは工場であり、その産業ですよね。そ

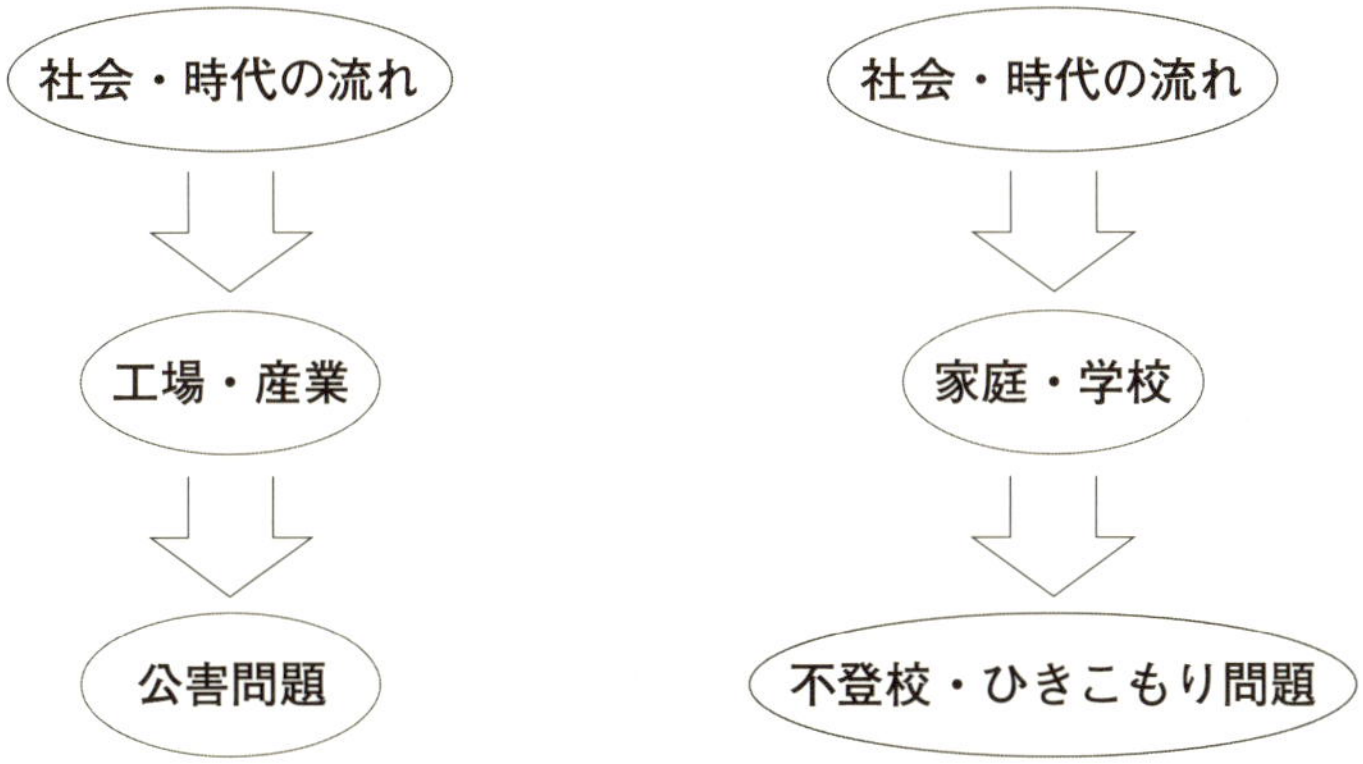

今日では「社会・時代の流れ」が「工場・産業」を生み出し、さらにそこから「公害問題」が生み出されたと認識されています。

「不登校・ひきこもり問題」においても「社会・時代の流れ」が根本的原因として存在し、そこから生み出された「家庭・学校」のあり方やシステムに問題があり、「不登校・ひきこもり問題」へとつながるという認識を持たなければなりません。

図2

の産業の廃棄物によって、喘息が誘発されるのですから、その工場や産業がいけない。じゃあ、その工場や産業だけがいけない、その工場主や社長さんだけがいけないのかと言うと、その裏にはそういう産業を必要とする、あるいは認めざるを得ない流れがありますよね、社会の。そういったニーズが、そういった工場を生み出し、それを必要と認めるわけです。そして公害による病気のほとんどは、原因がわかってから国が認定するまで十年以上の時間がかかる。これは調査に十年かかったのではなくて、その間、その必要とされている産業を停滞させないために見ないふりをしちゃうわけですね。認定を故意に遅らせる。そういった、社会性、社会の流れ、時代性があって、工場が存在し、そして子どもたちに疾病弊害が出る。そしてこれを不登校・ひきこもりの子どもたちに置き換えてみると、まさに同じではないかなと僕は思います。やはりこれら不登校・ひきこもりには、学校であり、家庭に問題があります。これは工場とかと同じですね。

伊藤　学校や家庭を工場にたとえることには、やや違和感も覚えるのですが…、子どもたちがそこから生み出される「製品」のようなイメージが浮かんでしまいますし…。子どもたちは学校や家庭を必要とし、その中で育ち、しかしその学校や家庭が「公害」をも生み出しうるということはよくわかります。

中原　はい。次に、それではお父さん、お母さんだけが悪いのか、学校の先生だけが悪いかというと、僕はこれまでに何人ものお父さん、お母さんと面談をし、学校の先生に会ってきましたが、多くはやはりちゃんと愛情をもったお父さんであり、お母さんなんですね。先生も、教育を考え生徒たちのことを考えているわけです。その子の人生をダメにしてやろうなんて考えているわけではないんですよ。みんな苦しんでいます。不登校・ひきこもり問題に直面して。

そうすると誰が悪いんだろうと考えると、そのお父さん・お母さんを育て、価値観を形成させたお祖父ちゃん・お祖母ちゃんかなと。そしてさらに曾お祖父ちゃん・曾お祖母ちゃん、その先と追っていくことになってしまいます。また教師であれば、その教師を教師として存在させている教師になるまでの過程のシステム、また学校のシステムがいけないということになる。

そうやって追っていくと、その向こうには社会があり、時代の流れがあり、そしてやはり政治があることになる。結局そこまで行き着いてしまう。

そう考えるとまったくこれは公害問題と同じ構造です。現在は公害問題というのは時代の流れとともにその構造がクリアになっているので、「社会・時代の流れ」というものが問題の根源にあったという認識をみんながもっていると思うんですね。不登校・ひきこもり問題も実は同じで、それもまた本当は「社会・時代の流れ」が根源にある。しかしそのように見なされていなかったために、当事者家族だけが孤立し、苦しむことになってしまっていたわけです。

ただ、ここ数年は不登校・ひきこもり問題が社会的にクローズアップされてきていて、当事者の心の問題のみではなく、家庭や学校に問題があるのではないかという認識まではきていますよね。もう少し言えば、家庭のあり方や教育システムに問題があるのではというところまで。さらには、先日、伊藤先生とお話ししたときに、「社会や時代の流れにそういった根本的な原因があり、そこを解明しない限り根本的な解決には至らないのではないか」といったことが出てきて、関係者の間ではそのあたりまで言葉にされている、認知されつつある段階なのかなと思います。そういう意味でもっと、根本的原因が「社会や時代の流れ」にあるという認識を深め、広げていかなければと思います。

「社会」から捉える不登校・ひきこもり問題

■不登校・ひきこもり問題における「社会」と「個人」

伊藤　具体的にどうすればよいかという点では、中原さんなりの見通しをおもちですか。

中原　「社会が悪い、時代が悪い」と言っても、抽象的すぎてわかりづらいと思うんです。ではどうすればよいか、どう行動すれば解決につながるか、という部分が見えづらい。

そこで、一つの具体例として、「KHJ親の会」という組織の話をご紹介します。これは、奥山雅久さんというパワフルな方が、ご当人もやはり当事者の親御さんなんですが、そのエネルギーで作り上げた「全国引きこもり親の会」でして、お会いしてお話ししたときに「厚生省に訴えかけてゆく」「不登校・ひきこもりの原因は社会不安障害（SAD）という病気であると認定させる」と熱く語っておられて、親御さんの経済的負担を軽くするためにも、社会的整備、保障を政府に迫ると言うんですね。

そういう社会へのアプローチの仕方も当然あるし、必要であって、僕自身、それを否定する気持ちはまったくないです。ただ…、僕としてはもうちょっと違うやり方のほうが僕らしくできるのかなと。つまり、社会へ「ノー」を示したり、社会に対して「デモ」を行なったりするのではなく、社会を構成しているのは結局、僕ら一人ひとりの個人ですから、個人が変わることで社会を変えていける部分も十分あるのではないかなと思います。

今日は伊藤先生にそのあたりをお話しいただけると嬉しいなと思います。そこで今度は僕が伺いたいのですが、伊藤先生が専門にしている社会心理学では、どのような視点で物事を捉え、考えていくのでしょうか。

伊藤　そうですね、社会心理学を標榜しつつどういうスタンスで物事を考えるかっていうことを答えれば、今の中原さんの話に呼応するかなと思うので、それをちょっとお話したいと思います。

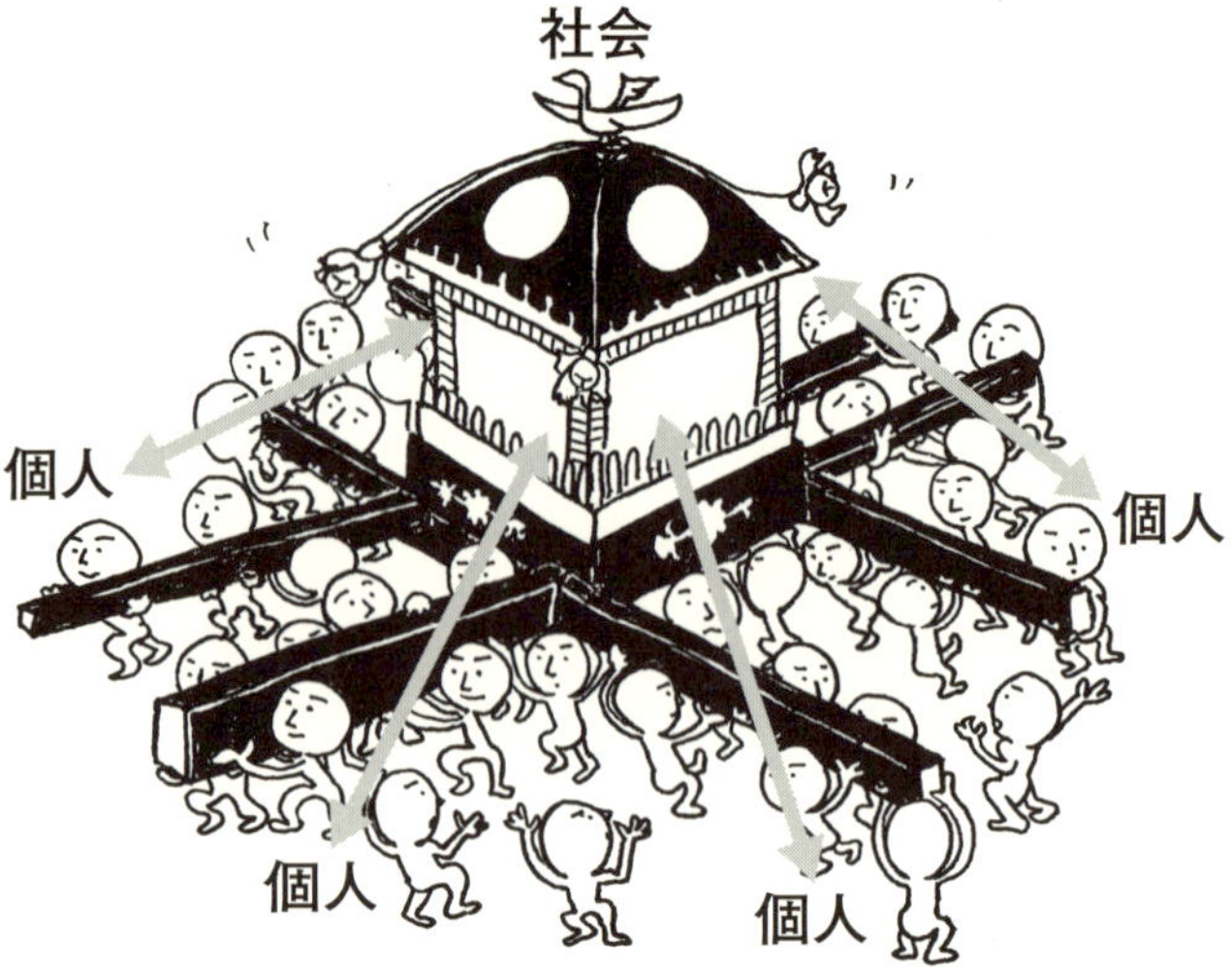

担ぎ手（個人）がお神輿（社会）の揺れ方を決めますが、
お神輿（社会）はまた担ぎ手（個人）の揺れ方を決めてきます。

図３

人間は「社会的動物」だと言われます。私たちは、社会的な関係をまったく抜きにして生きることはできません。ひきこもっていて、社会的な関係が非常に乏しいとしても、そこにご飯を差し入れてくれる親がいたりするわけです。

私たちはみなそういう、何らかの意味での社会を構成しています。「社会」とここで言っているのは、日本社会という大きな社会もありますし、一対一の人間関係というもの、これも一つの社会ですね。ここの会場にいる人たちの集まりも一つの社会で、家族というのも一つの社会だというように考えていくことができます。

それでその社会が、逆に個人個人にいろんな影響を及ぼしてくるということがあるわけです。これをわかりやすく言えば…、お神輿《みこし》を担ぐ人とそのお神輿、そういうたとえができます（図３）。

私たちはみな実は、お神輿という名の社会を担いでいます。みんなで「ワッショイワッショイ」とやっている。そのお神輿も一つではなく、いくつものお神輿担いでいるのですけど、話を単純化するために、ここでは一つのお神輿を想定してみます。「ワッショイワッショイ」とみんなで担いでいるこのお神輿がこう揺れますよね。これが、社会の動きとか社会の在り方に相当するわけですけども、私たちが作り上げ担いでいるお神輿は、個人の揺れ方を規定してくる。つまり、個人に〝自己言及〟をしてくるんです。具体的には、社会規範とか世間体を気にするとか、制度化されたものでは校則とか法律とかの働きを指します。

お神輿の揺れ方がどうも心地よくないと感じたときに、別の揺れ方をしたい、「こっちにこう揺れたーい」というふうに思ったとします。では、簡単にそっちに行けるかというとやっぱり行けないんですね。なぜかというと、お神輿から簡単には手が離せない状態でいますから、手を離すということはその社会から離脱するということですけども、なかなかそれはできません。となると、お神輿をもったまま、同じ方向に揺れざるを得ないわけです。

ですから、個々の人間が示しているいろいろな行動とか、いろいろな心情とか、あるいはいろいろな問題とかというのは、実はすべて社会とつながっていて、社会の揺れ方と不可分ではないんです。

こういった観点からすると、様々な「個人」の問題は、たどっていけばすべて「社会」の問題に突き当たります。例えばすべての自殺は、社会的な他殺――つまり自分で命を絶つ行為に追い込まれるような何か社会的な要因がある――という側面があります。「社会」の中で「個人」の問題が起こっている。それでいて、その「社会」は、私たち「個人」が寄り集まって作っているというわけです。ですから、個人の問題はけっして「個人」にとどまらない。

そもそも、「個人」という言い方自体に問題があると思います。「個人」は、英語の individual という言葉の訳で、individual というのは「分けることの（dividual）できない（in）最小の単位」という意味ですね。でも実は、とくにこの日本のような社会に、「個人」は本当にいるのだろうかという話があって、私たちはみんなつながりながら生きているという面が非常に強いように思います。

これが例えばキリスト教圏に行くと、事情がちょっと違っていて、人々は神とつながっていますから、神とのつながりの中で何かをやっているということが非常に強かったりするようですね。でも私たち――もちろんクリスチャンの方もこの中にもいらっしゃるかもしれませんが――の多くは、神とつながっているというよりは、お互いの人間関係の中で、「個人」が位置づけられているということが強いように思います。日本には昔から八百万《やおよろず》の神がいると言われますし。

木村敏さんという精神医学者が言っていることなのですが、日本人には「対人恐怖」が多いんです。人と人とがつながっている中に「個人」が位置づけられていますから。その中で感じるのは「恥」の意識です。一方、キリスト教圏の人たちは「対神恐怖」を強く感じることがあるのだそうです。「個人」は唯一の神とつながっているわけです。その中で感じるのは、「罪」の意識です。懺悔《ざんげ》というのは、罪を犯したことについての神への謝罪ですね。ところが日本人の多くは懺悔ということはしないでしょう。

中原 なるほど。ですからやはり原因をたどってゆくと、「社会」というキーワードにぶつかるし、その社会をギュッと煮詰めてゆくと、また「個人」というところに…という感じですね。

僕としては「社会」そのものではなく、「個人」の動きを活性化することで「社会」を変えてゆこうと行動しているのですが、それでも先ほど述べた、「社会」「家庭・学校」「当事者の心」という「マクロ」「メゾ」「ミクロ」の三つの視点をバランスよく考えていかなければ、個人の行動をどうするべきかという結論も出ないと思っています。ですからこの後は、その三つの視点と、さらに僕らNPO法人などの支援団体、それぞれに焦点を合わせながら、現場での活動からの見解を僕が示し、それを社会心理学という立場から伊藤先生に意味づけをしていただくという形で、さらに話を進められたらと思います。

伊藤 そうですね。そのメゾの部分への注目も確かに必要ですね。「社会」と「個人」ではなく、「社会」を大きなものに限定して、それと「個人」をつなぐ部分ですね。私の言葉では家庭や学校も「社会」の一種です。でも中原さんがそれらを「メゾ」だと位置づけるなら、それも一つの捉え方だと思いますから、ここではその枠組みで考えてみるということでいいと思います。

最終的には大きな「社会」を変えたいという野望が、私にもあります。でもそれは一朝一夕にはとてもできそうにない。お神輿の揺れ方は不変ではありませんが、一度に揺れ方が変わるというのは、革命が起きたときぐらいなもので、現実にそれを今の私たちの社会に求めるのは難しいわけです。

でも、大きな「社会」はなかなか変えられないとしても、「個人」が変わっていくことはできないわけではない。お神輿の揺れから逃れることができず、その揺れに身を委ねざるを得ないところがありながらも、ささやかに自分にとっての世界を変えていくことはできると思っています。

「社会」がこんなにもひどいのに、それに対する違和感がなくなってしまったらおしまいです。そこへの違和感を大事にしつつ、私も「個人」に対する働きかけをして、緩やかにつながって連帯できる仲間をこれからも大事にしていきたい。個人が作るネットワーク——中原さんらが作った「若者サポートステーションいばらき」（二〇〇七年に「若年者社会参加支援普及協会アストリンク」と改称）もその一つですが

――そこまでは少なくとも私たちの手が直接届く範囲だと思っています。それが中原さんの言うメゾの部分への働きかけということになりますか。

■数字データが表すもの

中原　まさにそうだと僕も感じます。その「社会への違和感」の一つに「定義、数字への違和感」があります。不登校・ひきこもり問題を社会的な視点、「マクロな視点」で捉えたときに出てくる「数字」に、内閣府が二〇〇二年に発表した、「15歳から34歳までで独身で通学も仕事もしていない人間は二百十三万人」や、二〇〇三年の「ひきこもり世帯数は約32万世帯」などがあるんです。

確かに、二〇〇〇年あたりからひきこもりという言葉が使われるようになってきて、二〇〇三年には厚生省から「ひきこもりのガイドライン」という冊子が発行されたり、NHKが「ひきこもりサポートキャンペーン」などを始めたりして注目され、問題視されるようになり、良い面もあるのですが、そういった中で出てくるこれらの数字は、社会に対して訴えるイメージとしては有効でも、数字自体にはあまり意味がなく、この問題の本質には迫らないと思います。

7年ほど前になりますけど、ある市の教育委員会の方たちとお話する機会があったのですが、資料をポンと差し出されて、「うちの市には不登校児はいません」と説明されたんですね。でも、そのときすでに、僕のスクールに5～6名の子が通っていたんです（苦笑）。

つまり、不登校の定義自体が「30日以上の欠席」とあり、どうにか保健室に通っている子や、他の生徒がいなくなった夕方にちょっとだけ学校に顔を出しているような子はカウントされないわけです。でも、そんな子が不登校ではないと言えるのか、ということなんですね。そんな青春の過ごし方をしている子を、定義にあてはまらないから問題視しないという姿勢には本当に失望しましたし、数字のマジックには騙されないぞという感覚はそのとき以来ずっともっていますね、僕自身は。

伊藤　確かに数字データが実態を表していないことがあるというのはよくある話です。でも世の中、「数字でなければ客観的なデータでない」と思われているところがまだありますね。もちろん数字で表されたデータは、捏造でもない限り、なにがしかのことを表してはいます。ただ、中原さんが探求されたように、その数字がどのような過程を経て出てきたものかを知ることが重要ですね。

それに数字には還元できない部分、例えばある人が苦しんでいたら、その傍らに寄り添ったところで感じられることを大事にしながら考えていかないと、例えば「心のケア」なんてできないでしょう。一九九五年の阪神淡路大震災以来この言葉がマスコミを一人歩きするようになりましたが、心理学者の一人としてなおさらそこに問題を感じています。

そういう点で、若者たちと生活をともにし、そこから物事を考えて行動している中原さんの姿勢には敬意を表します。本当にお世辞ではなく、自分にはとてもできないなと思っています。

ところで、実際に不登校やひきこもりの若者や子どもたちと接している経験から教えてほしいのですが、マクロな視点から捉えた若者や子どもたちの変化を何か感じたりされていますか。

■不登校・ひきこもりの最近の傾向

中原　そうですね。七、八年くらい前の『＊燦＊』は、非行型だったりいじめられ型だったり、家庭に問題がすごくあったり、あるいは病気、障害でのひきこもり、不登校の子どもたちで占められていたんですね。ところが最近では、不登校・ひきこもりの理由が明確ではない、お家に訪問してもお父さんお母さんの仲もいい、家庭環境も問題ない、本当に一年近くずっと観察を続けても何も問題点が浮かび上がらない場合があるんです。その子は頭もいいし、病気、障害もない。それなのに突然学校に行けなくなる、ひきこもってしまうという子が本当に多くなってきた。『＊燦＊』には常に20名ほどの『＊燦＊キッズ』が参加していますが、ここ三年で、そういう子が5人も参加してきています。

そして、そういう子たちは逆に言えば復帰するのが結構早いんです。今まで僕は親御さんとの面談時に、「社会へ復帰するのには、ひきこもっていた年数の倍はかかりますよ」「2年ひきこもっていたなら、4年ぐらいは辛抱してお母さんたちも一緒に見守ってください」というようなお話をしていたんですが、最近それがだんだん通用しなくなってきていて、3年ひきこもっていた子が半年くらいで大検（現在、大学入学資格検定（大検）は廃止され、高卒認定試験となっている）をとったりするんです。最初は僕自身「俺すごい！」と思ったんですよ。「俺は子どもたちを立ち直らせる神だ！」と（笑）。

ですが、冷静に考えるとこれはちょっと違うな、と。「あれ？　あんまり重くないよね、この子たち…、『不登校・ひきこもり』の症状が…」というような子たちが本当に増えてきた。そんな傾向が見られます。これはやはりひきこもりという言葉が社会的に認知され、メジャー化していった中での罪の部分だと思うんですが、安易に不登校・ひきこもりというものに自分を方向づけてしまう子が多くなったということだと思います。悩み方も知らずに、あまり苦しまずに、選択肢の一つとして不登校・ひきこもりを選ぶといった形で。
　もちろんその背景には、自分のことを相手に上手く伝えたり見せたりしていくという対人スキルが非常に乏しいことや、興味のあるものを探せない、自分の未来像が見えないといった自己喪失感があるので、やはりそのときの社会、時代性、教育のあり方を抜きに考察することはできないのですが。

伊藤　そのほか、年齢などについては何か特徴的な変化はありますか。

中原　今『＊燦＊』では30歳代の子たちが増えてきています。今一番上が38歳なんですね。当然、親御さんは高齢だし、本人が仕事に就くという点でもなかなか難しいものがあります。そして、どの場合も30歳代になってひきこもっているのではなくて、やっぱり十数年におよぶひきこもりの歴史があるというか、長い時間が経ってしまっているんですね。

伊藤　38歳となると、中原さんよりも年上ですね。もはや「キッズ」と呼ぶのにふさわしくない（苦笑）。私ともそんなに歳が変わらない…。

中原　そうですね。でも、スクールに来る子はみんな可愛い弟妹分ですから『＊燦＊キッズ』で僕としては違和感ありませんが（笑）。
　こういう言い方が適当かどうかわかりませんけれども、ひきこもりという言葉がメジャー化することによって掘り起こしがなされているんです。親御さんが「あっ、うちの子はそうなんだ。不登校、ひきこもりという問題なんだ」と初めて認識し、「何もうちの子だけがおかしいわけではなく、そういった子が他にもいて、世間から隠しておくような特別なことではないんだ」と。そして「これは第三者の介入を求めない限り大変なことになってしまう」と気がつき、外部へ相談に出向くことで、30歳代でひきこもっているような子たちが顕在化してくる。そこまでにあまりにも長い時間がかかりすぎていますが、これはその当事者の子が社会に復帰するチャンスを得られるという意味ではプラスに捉えられる面ではないかと思います。
　こういった傾向が現れながら、ひきこもりという言葉がさらにメジャー化していくわけですが、それらは何も厚生労働省やNHKの活動からだけではなくて、やっぱり一般的にメジャーになっていくのは悲しいことに事件なんですね。この茨城県では、二〇〇四年に水戸と土浦でほぼ同時に、ひきこもりの青年にその家族が殺されてしまうといった痛ましい事件が起きてしまいました（図4）。本当にやりきれないことですけれど、その事件によって、この茨城県でもひきこもりという言葉を、行政をはじめみんなが知ることとなり、この問題に取り組まなければならないという認識に至ったんですね。

伊藤　ひきこもりとそういう犯罪は直接結びつくのでしょうか。確かに世間では、「ひきこもりの若者が何か悪いことして犯罪を引き起こすかもしれない」というイメージがあるようですが、私は必ずしもそうは見ていないのですが…。

中原　実際にひきこもりと結びつく事件というものは、外に向けられたものではなく、家族に向けられたものがほとんどです。けれど、そのような事件を起こしてしまいそうな深い問題を抱えている子たちは、なかなか僕らの目の届くところに現れてこないのが現実です。先ほどお話したように、『＊燦＊』には常に20名ほどの『＊燦＊キッズ』が参加しています。その状況は様々で、毎日のように『＊燦＊』に通い、大学進学を目指している子もいれば、本人とはまだ一度も会えたことがなく、お母さんとの面談だけが進行しているような子もいます。そんな中で、「父親を殺したい」などと家で暴れているような状態で、僕らが介入しないと事件になるのではないかというケースは2件しかないんですね。

両親と姉殺害、28歳男逮捕

包丁、金づちで凶行

土浦「家族と不仲」供述

二十五日午前八時半ごろ、土浦市[redacted]さん(五七)方から男の声で「両親と姉を殺した」と一一〇番通報があった。土浦署員が駆け付け、[redacted]さんと妻の[redacted]さん(五四)、長女の[redacted]さん(三二)[redacted]が死んでいるのを発見。庭にいた男が「三人とも自分が殺した」と供述したため、同署は殺人の疑いで長男の無職、[redacted]容疑者(二八)を逮捕した。[redacted]さん方には[redacted]さんの長男(十一カ月)がいたが、無事だった。(25面に関連記事)

[redacted]は「家族とは以前から仲が悪く、いつか自分が家族に殺され

る。殺される前に家族を殺そうと思った」と供述。おいについては「自

分を殺す恐れはないので殺さなかった」と話して

卒業後、専門学校を五カ

[redacted]さんを殺害した疑い。[redacted]さんを包丁で刺し、[redacted]さんと[redacted]さん

で両親殴殺

19歳長男を逮捕

仕事、進学せず責めら

二十四日午前三時十五分ごろ、水戸市の無職少年(一九)から「両親を殺した」と一一〇番通報があった。水戸署員が駆け付けたところ、市立中学校教諭の父(五一)と元小学校教諭の母(四八)が二階で死亡しているのを発見、殺人の疑いで自宅にいた少年を逮捕した。少年は調べに対し、「両親や祖父から日ごろ、『仕事や進学もせずに、ふらふらするな。何か習い事でもやれ』と言われて腹が立っていた。皆殺しにするつもりだった」と供述、「両親を殺害した後に力がうせて、（祖父と妹は）思いとどまった」と取り乱さず淡々と話しているという。（23面に関連記事）

「皆殺しに」と供述

調べでは、少年は同日午前零時ごろ、自宅二階で就寝していた父の頭を、重さ四キロの鉄亜鈴で十回程度殴り殺害。さらに、二階の別の部屋で寝ていた母も同様に殴り、殺害した疑い。

少年は両親、祖父(七七)、今年中学を卒業した無職の妹(一六)の五人暮らし。少年は四人きょうだいの長男で、昨年三月に市内の私立高校を卒業。専門学校に合格していたが、入学辞退し、事はしていなかった。十四歳と二十一歳の県外の大学に行って

図４（茨城新聞 2004 年 11 月 25 日、26 日付）

こうした事件によってひきこもりという言葉やそこから起こる様々な問題が社会的に認知されるようになっているわりには、事件を起こすような子たちは見えてこない。それは本当に数が少なくて見えないのか、閉ざされてしまった家族問題は本当に深く潜ってしまって掘り起こすことができないのか…。

そういった意味では、ひきこもりという言葉がどれだけメジャー化しても、あるいはキャンペーンをしても、逆に問題の本質から遠ざかっていくような、ギリギリの状況にいる子どもや若者たちに届かなくなっていくような、そんな不安感をおぼえるんです。

■言葉の普及が生みだす功罪

伊藤　一般的に、言葉ができると問題として扱うことができるようになるということはありますよね。ひきこもりという言葉がなければ、ひきこもりは問題にできないんですね。矛盾した言い方に聞こえるかもしれませんが、セクハラという言葉があるからセクハラ対策ができるんです。セクハラという言葉がなかったら対策のしようがないんです。言葉が作られることによってそれが概念化されて枠組みがはっきりして、問題として対処しましょうということになる。だから適切な言葉をきちんと据えることは重要ですね。

先にも少し触れた「心のケア」という言葉が最近よく使われていますけども、先にも述べたように、ここ10年ぐらい、一九九五年の阪神淡路大震災と地下鉄サリン事件があったあたりからマスコミで流布するようになったものです。あの頃「マインドコントロール」という言葉も知られるようになったし、「ＰＴＳＤ（心的外傷後ストレス症候群）」なんて言葉も知られるようになった。そのあたりからずいぶん様相が変わってきたなという感じがするんです。

おそらくひきこもりもそうですし、不登校と呼んでいるものがかつては「登校拒否」で、もっと遡っていけば「学校恐怖症」と呼んでいたんですね。問題の捉え方が明らかに変わってきていると思います。

そういう言葉ができてよかった面はあるはずですが、中原さんが言うように、裾野が広がったっていうような印象がありますね。以前だったらそうは自認しなかった人たちが「俺もひきこもりなのか」と思ったりとかですね、あるいはまわりの人たちも、「ひきこもりという定義の中にこの人は入るんだな」という位置づけをすることによって、そういう問題として自他ともに認めていくような部分というのはあるのだろうと思います。

でも裾野が広がるということは、やっぱりその言葉が表している深刻なケースがあるからだと思います。それがもしか

「心のケア」という言葉

1995年の阪神淡路大震災をきっかけに、「心のケア」という言葉がマスコミ等で頻繁に使われるようになった。その震災で自らも被災し奔走した精神科医の安克昌さんは次のように書いている。

「震災後、マスコミによって、被災者の心の傷の重大さが注目され、それに対して、心のケアの必要性が叫ばれた。それは、日本の精神医学にとっても、今後の災害対策においても、エポックメーキングなことであった。」（「臨床の語り」栗原彬他編『語り：つむぎだす』東京大学出版会）

「心のケア」という言葉が、「心」についての理解を促した側面があることを、私も否定はしない。しかしむしろ、安さんが続けて書いている次のことに共感を覚えるのである。

「だが、心の傷や心のケアという言葉が一人歩きすることによって、『被災者の苦しみ＝カウンセリング』という短絡的な図式がマスコミで見られるようにもなったと私は思う。その図式だけが残るとしたら、この大災害からわれわれが学んだものはあまりに貧しい。人生を襲った災害の苦しみを癒すために、精神医学的なテクニックでできることはほんとうにささやかなものでしかない。」（同）

「精神医学的なテクニック」を「心理学的なテクニック」と読み替えても同様なのだが、世間では必ずしもそうは思われていないようだ。心理学へのそのような誤解を含んだ期待は、一時期ほどではないが、なお今でも確実に残っている。だからこそ、「心のノート」という個人の「心」にひたすら注目させる道徳の補助教材が、大きな違和感もなく日本の学校現場に導入されたのだろう。

「心のケア」を否定するのではない。しかしそれが、あまりに表層的に、市民にだけでなく一部の心理学者にも捉えられているように見えるところに、私は違和感を覚えないではいられないのである。

1999年に39歳の若さでガンのためなくなった安さんの言葉に、三度、耳を傾けておきたい。

「『なぜ他ならぬ私に震災がおこったのか』『なぜ私は生き残ったのか』『震災を生き延びた私はこの後どう生きるのか』という問いが、それぞれの被災者のなかに、解答の出ないまま、もやもやと渦巻いているのだ。この問いに関心を持たずして、心のケアなどありえないだろう。苦しみを癒すことよりも、それを理解することよりも前に、苦しみがそこにある、ということに、われわれは気づかなくてはならない。だが、この問いには声がない。それは発する場をもたない。それは隣人としてその人の傍らに佇んだとき、はじめて感じられるものなのだ。」（同）

（常陽新聞2008年1月11日掲載のコラムを一部改変：伊藤哲司）

すると、潜在化していくっていうか、かえって見えなくなっていく。その一方で、比較的軽いというように中原さんが見るような人たちがたくさん登場してきた。それゆえに本当に深刻な部分というのが隠れてしまったりしていくのでしょうか。

中原　まさにその点なのですが、つい先日、ある『＊燦＊キッズ』に、新しく『＊燦＊』に来ることになった他の子のことを聞かれたので、「仲良くしてやってな」という感じで気楽に説明したら、そのキッズが「僕はその子とは違う！」と言うんですよ。確かに、そのキッズ自身は非常に危うい状態にあって、家族関係の中で事件に発展する可能性も十分ありえる状態なんです。そのキッズに「僕の場合は違う！もっと深刻で苦しい！　そんなに簡単な問題じゃない！　今ひきこもりとか呼ばれているやつらはみんなフェイクだし、僕はそもそもひきこもりなんかじゃない！」ということを言われたんです。

僕自身は不登校・ひきこもり問題に重い、軽いなんて持ち込まずに、その子一人ひとりと向き合っているのですが、そう言われた瞬間に、「ああ、ひきこもりキャンペーンは逆にこういった子どもたちをさらに追い込んでいるのかな」…と。つまり裾野が広がるということは薄まるという意味もあるわけで、自分と比べて深刻に見えないような子どもたちがテレビに登場して、不登校・ひきこもり問題について簡単に生やさしい表現をしてしまうと、本当に親を殺すか、殺されるかといったギリギリの状態にある子どもたちなんかは、それを見て反発して、「そんな言葉でひとくくりにされたくない！」ということで、より心を硬くしちゃうのかなと思うんですね。

僕らがこうやって今日ここでトークライブをしていても常に危険だなと思うのが、結局は僕らが定義するひきこもりの話になるわけで、ここに定義されない、あるいは勝手に定義されちゃった子どもたちから見た場合、どう思われるのだろうと…。

ですからなるべくこうした講演会には『＊燦＊キッズ』を初期の段階では連れて来たくないなと。今日この会場に一緒に連れてきている『＊燦＊キッズ』はもうまったく元気で、つねっても蹴っても平気な子たちで（笑）。そういった意味では、まだまだ苦しい状況にある子たちは言葉にも敏感なので、下手に定義をしたり意味づけをしたりしてしまうことはとても危険だということを常に意識して話そうと思っています。

伊藤　言葉一つで深刻な問題を引き起こすことがありうるということですね。私たちはどういう言葉を使うのか、その社会的な影響も含めて考えなければいけませんね。その言葉がもともともっている概念とか意味合いみたいなものを非常に軽んじてしまうこともあるのかなと思います。例えば「癒し」という言葉。たぶんあれはもともと宗教的な意味あいだとか、スピリチュアルな何かがあるんだと思うんですけども、よく「癒し系タレント」とか言われますよね。私もある人に「いやー、伊藤さんは癒し系ですね」と言われて何のことかよくわからなくて…。

中原　いや、それはなんとなくわかりますよ（笑）。

伊藤　そうですか（笑）。それはともかく、もともとの癒しとかヒーリングとかという言葉がもっている非常に深い意味あいはもうどっかにふっとんでしまって、軽く使われているという現状があると思うんですけれども。

結局、言葉を使って私たちは何か現象を説明したりいろんなことをやるわけですけれども、やっぱりかなり慎重でなければいけないのかなと思います。言葉の力は大きいですからね。「ムカツク」という言葉ですべてを片づけてしまうと、私たちの感情も「ムカツク」かどうかという単純なもので自己理解をしてしまいそう。言葉は世界を説明する一種の道具ですから、その道具は幾種類もあって豊富なほうが、基本的にはいろいろなことができるようになるんです。そのことによって自己理解も進むのではないでしょうか。

■現代日本社会を表すキーワード

中原　そうですね。その「言葉のもつ力」、「言葉の使い方」という面で見ていくと、もう一つ気になるのが、不登校・ひきこもり問題をマクロな視点、つまり「これほどまでに不登校・ひきこもりを生み出す社会とはいったい何なのか？　何が原因となっているのか？」という視点で議論するとき、「自立」「社会の多様化」「価値観の多様化」「勝ち組と負け組」「自己責任」などという言葉が出てきますが、いま一つ納得がいかないんですね、僕は。先生としてはどのような言葉がキーワードだと思われますか。

伊藤　私は「閉塞感」という言葉を使っているんです。この社会に生きていて、なんとなく気持ちが晴れないというか、何かこう心から笑えないというか、何とも息苦しい感じ。そういったことはたぶん中原さんも経験されていると思うんですね。

外国に行って帰ってくると、「日本人ってこんな顔しているんだな。俺もこんな顔しているのかな」なんてちょっと思ったりもするわけですよ。ベトナムとかタイとかとの比較という話になりますけど、渦中にいるとやっぱりなかなかわからないところがあるんではないでしょうか。つまり普段は、外ではどうなのかということは考えもせずに、ここしかないっていうところで生きていますから。ですからその閉塞感というのも、閉塞感とも思わないのかもしれない。気づきにくいと思うんです。

閉塞感の原因は複雑にいろいろなものが絡み合っていて、簡単にこれというようには言えません。でもそれを手がかりに考えてみることはできると思います。もっともこの言葉一つでわかったような気になってもいけないわけですが。

中原　「閉塞感」ですか、なるほど。僕が違和感を覚えると述べた「自立」「社会の多様化」「価値観の多様化」「勝ち組と負け組」「自己責任」などという言葉はあくまでも、今のこの時点のみの視点で捉えた「社会」であり「子どもたち」なんですね。確かに、今この社会で生み出されている不登校・ひきこもりの子どもたちですから、そういう一面もあるかもしれない。けれど、今この時点での世の中の雰囲気や、最近出てきた言葉で判断し結論づけするのは非常に危険ではないかなと思うんです。

伊藤　基本的にそうだと思います。ある言葉が流行ると、それにポンと乗ってわかったような言説をふりまく人っていますけど、私はあまり感心しない。例えば十年ぐらい前に「アダルトチルドレン」という言葉が流行りました。もともとは一九七〇年代にアメリカで出てきた言葉で、アルコール依存症の親がいて機能不全に陥った家族の中で育った人という意味ですが、それがもう少し拡大解釈されて、「機能不全に陥った家族の中で育った人」という意味で使われるようになりました。それが二十年ぐらい経って日本に輸入されて、生きづらさを感じていた若者たちに自分たちを表す言葉として受け入れられたと言われました。ちょうどオウム真理教のことが社会問題化していた頃でした。

その頃、「アダルトチルドレン」に関する本もたくさん出版され、その言葉が一定の市民権を得ていったのですが、当時から私は、この言葉は長く続く言葉ではないと予想していました。いかにも取って付けたような言葉だったからです。「悪いのは自分ではない。親が悪かったのだ」と思わせてくれることを比較的単純に物語る「親不信」の言葉でもありました。そして案の定、現在ではこの言葉をほとんど聞かなくなりました。

こういう事例を考えるとなおさら、私たちがどんな言葉を使って自分たちのことを表現していくのかということがいかに重要かということを考えさせられます。やはり「ムカツ

たとえば2007年は‥キーワードで振り返る

「震」「食」「倒」「毒」「末」「金」「戦」「帰」「虎」「災」「愛」「命」。1995年から始まった「今年の漢字」。福田首相は、2007年の漢字を「『信』だよ。信じるの信。信頼、信義ね」だと答えたというが、実際に選ばれたのは、その正反対とも言える「偽」であった。

食品偽装、消えた年金、安倍首相の突然の辞任、防衛省疑惑……。2007年はまたとりわけ、情けない大人たちの行動があからさまに見えてしまった年だった。大人たちは子どもたちに、「嘘をつくな」と口では立派なことを言う。しかし「偽」だらけの嘘つき大人たちの行動を、子どもたちは見透かしているに違いない。

「嘘も方便」とも言う。実際私たちは、どこかでは嘘をつきながら生きているところがある。しかし、越えてはいけない一線というものはあるはずだ。この国の大人たちは、それをいとも簡単に越えてしまう。その一線がどこなのかが見えていない。しかも、社会の中で「立派」とされる地位の人がそうなのだから嘆かわしい。

絵本作家の五味太郎さんは、パートで働いているお母さんが雨でも自分を迎えにこられない状況について子どもに問うテストで、「お母さんの気持ちを考えて、さみしいのを我慢したことに感動しましたとか、傘に入れてくれた友だちの優しさに感動したとか。つまり、子どもたちは、その線でサボっている大人用の答えを模索しなくちゃいけない」と書いている（『大人問題』講談社）。

こうした問題に子どもが正直で率直な感想として「べつに」と書いてきたら――五味さんはこれも答えとして「妥当な線」と指摘するのだが――、私たちはどう応答するだろう。あからさまな嘘は問題視しやすいが、こうした隠された問題には、大人たちはなかなか気づけない。しかしこうした「偽」にも、子どもたちは敏感だ。

宮崎県知事の東国原英夫さんが、所信表明演説で言った「どげんかせんといかん」という言葉は、2007年の流行語大賞になった。閉塞感漂うこの社会、あまり力みたくはないが、どうにかしたいと私も思う。その一方で、お笑い芸人の小島よしおさんが、拳を振り下げ、独り言のように「そんなの関係ねぇ。そんなの関係ねぇ…」と気弱に呟く。子どもたちが面白がって、それを真似て遊んでる。

「そんなの関係ねぇ」も流行語大賞のトップ10に入った。「関係ねぇ」とされる「そんなの」とは、いったい何なのだろう。そして、それを見て笑っている人たちは、これでどんな憂さを晴らそうとしているのだろう。拳を振り上げよとは言わないが、海パン姿で自ら笑われ役になっている彼の姿は、見るからに寒々しい。私なら、もう少し違うやり方で、社会に関わっていきたいと思うのだが。

（伊藤哲司）

ク」の一言で自分の気持ちを表現してしまってはいけないのです。

中原　けれど「閉塞感」という言葉はそこまでの流れを感じさせる点でも的確な言葉だと思います。僕が一番問題だと思うのは今の世の中の状況ではなく、過去からこれまでの流れ、つまり右か左かとか、国旗をどうするとか過去をどう認識するのかとかいう問題を何一つクリアにすることなく、闘わず激論をせずに曖昧に全部進めてきたやり方、この国の大人たちの生き様です。そのツケが現代の若者にまわってきて、「閉塞感」なるものを生み出している、そう感じます。

その場その場を曖昧に、適当にしのいで対応していく大人の姿を、戦後何十年と子どもたちは見てきていますよね。最近では、自分の子どもには絶対飲ませないだろうというような牛乳を平気で売り、それがばれた途端に泣いたり逆切れしたりして対応したりする企業のトップや、自分の家族は絶対に住ませないだろうというマンションを平気で売り、そしてまたその責任が「この人だけの責任なのか？」とみんなが思っているのにそこに帰結させようとする政治力とか、そういう曖昧なズルイやり方をしてきている大人たちや世の中を子どもたちはずっと観察していて、敏感に見ている。

ですから、そういう点から見ると、子どもたちの自立心が低かったり、自己責任の感覚が欠如していたりすることなどが原因で不登校・ひきこもりになるのではなくて、やっぱりその親たちの世代の動きを見ていて、「はぁーっ、情けない…」とため息をつきたくなる部分が非常に大きいと思うんです。つまり不登校・ひきこもり問題は、社会を構成する個人、大人自身がこれまで曖昧な態度をとってきて、自分なりの生き様の旗を立ててこなかったツケとして発生しているのではないか、という見方に重心を置くべきだと思います。

そうするとここにきて、「これほどまでに不登校・ひきこもりを生み出す社会とはいったい何なのか？　何が原因となっているのか？」というマクロな視点が、「現在に至るまでの社会を構成してきた大人たちのあり方、生き様」という個人の動きにつながってくる。表面的で、具体的に対処しづらい不登校・ひきこもり問題のマクロ的なまとめ方から、それぞれの人が現実的に行動を始めやすいレベルの視点、捉え方に近づいてきた、戻ってきたという感じになると思うのですが。

■不登校・ひきこもりの社会的意義

伊藤　そうですね。子どもたちの姿は「大人の映し鏡」だという言い方ができると思うんですね。やっぱり親とか大人たちのずるさとか、そういったものをすべて見ていると思うんです、子どもたちは。例えば最近でも、政府がタウンミーティングをやる、実はやらせで質問しているとかですね、とんでもないと思うんですけども、それもまた妙な形で言い訳をしてすり抜けていくっていうようなやり方…その一方で、またそういう騒ぎをしている中で重要法案が通っていってしまうとか。非常にずる賢いなと思います。

そういったものを確かに中原さんがおっしゃるように、ちゃんと白黒はっきり着けないで曖昧にしたままでやってい る。それと同じことを多分子どもたちはやっていて、いじめの問題一つとっても、結局大人どうしがいじめをしているんですよね。それを見ている子どもたちにいじめをやめなさいって言っても全然説得力がない。

もっと大きな話を言ってしまえば、「命が大切だ」と文部科学大臣が言いますよね。でもその大臣、この政府は、例えばイラク戦争を真っ先に支持したりするわけですね。私はこういうの、ものすごい矛盾だと思うんですよ。イラク戦争では、兵士だけでなく民間人も数多く犠牲になっているわけですから。そういうところになかなか気づかなかったりしますけど、実は子どもたちは、そういうところを見抜いているんじゃないかと思います。

中原　『＊燦＊』に来ている子どもたちを見ていくと、やっぱり、自分の中に自己の矛盾だけではなくて社会の矛盾とかも抱えているように見える瞬間があるんですね。自己の矛盾や社会の矛盾を抱えているなんて、ちょっとカッコよく言い過ぎかなという感じもありますけど（笑）。僕はそういう子たちを見るたびに、「お前は野茂だぜ！」っていう話をよくしました。

野茂もアメリカに行く前はさんざん叩かれて、絶対成功しないとか、あるいはいわれのない中傷を受け、けれどメジャーに行けるルートがなかったあの頃、そこを野茂は自分で切り開いていってメジャーデビューを果たすわけです。そしてオールスターにも選ばれて投げたりする姿を、ちょうどその頃『＊燦＊』に来ている子たちと一緒に見ていて、「お前らはあれと同じだよ」と。「たぶんお前らは言葉にならない何かを訴えているのだろうし、誰もまだ気づいてないものを自分の中に抱えているからそういう形で表現しようとしているんだよ」という話をしたんですね。

実際、彼らは自分のすべてをかけて、人生のレールから降りているんです。ですから、そこには本当に社会に対する提言というかアンチテーゼのようなものがある。まだ、誰も気がついていなかったりする問題への必死の抵抗が。

伊藤　なるほど。野茂だというたとえですけども、面白いですね。でも、そうだなって半分思う一方で、でも野茂にはなれないし、そんな能力ないしな（笑）。その子にしたらですよ。いや、そんな能力ないしな、そんなふうにカッコよく投げられないしっていうところはあるのかなと思うので、諸刃の剣のような言い方になっているという気もちょっとするんですけども。

その人は、野茂にはなれないままその社会の中で生きていかざるを得ない側面がありますよね。だからそんなアンチテーゼを突きつけてみるのもいいかもしれないけど、野茂ではない自分がどうやって生きていくか。そのときに何かもう一つ仕掛けというか、何かが必要なのかなっていう感じがします。

中原　そうなんですよね（苦笑）。そこが本当に先生のおっしゃるとおりで、みんな言いますよ。「でも俺は野茂じゃないし」と。そしてもっとわかってない子は「俺、野球好きじゃないし」と。そんな話じゃないんだよ！　みたいな（笑）。そんなレベルでの話になってしまうんですけども、でもやはり僕が『＊燦＊キッズ』と接するとき、本当に「この子たちは野茂だ！　パイオニアなんだ！」という気持ちになっていますし、そういった気持ちをきちんと伝えてあげたいなと思いますね。と言うのも、そのレールを降りた後というのが非常に辛い茨の道なんですね。やっぱり小学校行って中学校行って高校行って大学行って就職というのが近道であり、誰にでも理解されやすい人生のレールなわけです。

そんな中で、とくに早い時期、小学校や中学校からレールを降りたとすると、その後の長い人生の中で、自分でまずレールを敷いてゆく必要があるわけです。自分の人生のレールがどこに向かっているのか、36歳になっても僕自身いまだにわからないのに、小学生や中学生が「あそこだ！」なんて決めることは難しいですよね。それでもどうにか、小さな体で一生懸命レールを敷き始めて、次にはステーションも作っていかなければならないわけですよ。中学校はどうするか、高校はどうするか、大学は行くのかどうかというステーションを発達段階に合わせて作ってゆく。また先ほど図1で述べたようなアイテムも手に入れていかなければならない。普通にしていたら簡単に手に入るものが、自分でどうにかして獲得していかなければいけない、他人や社会に認めてもらえるIDカードみたいなものを自分で作らなければいけない、そんな非常に苦しい旅だと…。

子どもたちはみなその大変さをわからずに、つまり変に打算的な考えもなく、本当に自己の全存在をかけて人生のレールから降りることを決断しているんですね。全存在をかけて社会に対して何かを、本人も理解できていないような何かを訴えている。そう捉えると、そういう子たちをまわりがどのように見ていくか、社会がどう見ていくか、家族・学校がどう見ていくかということが非常に重要です。「精神的に弱い子どもたち」という、不登校・ひきこもりの子どもたちへのイメージを僕達が変え、その本質の部分をもうちょっとまわりの大人たちやその子たち自身に伝えていかなければ、あまりにも厳しい道のりは孤独で悲しすぎると思うんです。

伊藤　そういう若者たちや子どもたちを大人の多くは外から見ているわけですが、それは先ほども言ったように自分自身の姿なのではと思います。「大人の写し鏡」ということですね。けっして他人ではない、自分自身の姿をそこに見なければいけないと思います。

そういった見方ができたときに、大人としての対応の仕方も変わってくるのではないかと思います。自分のことは棚に上げて子どもや若者たちに下手に説教くさいことは言えなくなるんじゃないでしょうか。それこそ自分自身の生き方が問われてくる。やっぱり大人自身が変わっていかないと。でも厄介なことに子ども以上に大人って、ある意味で固まっていますから、なかなか変われない…これが難しいですよね。

「親」から捉える不登校・ひきこもり問題

■問題に直面した親たち

中原　そうですね。そのあたりを手がかりに、「家族、学校のあり方」という部分、「社会」のマクロに対して、メゾの部分ですね、子どもたちを取り囲む中間の部分の話へと進めていきたいなと思います。

　家族会などに依頼されて講演をすると、決まったようにお母さんたちから質問されるのが、「うちの子はひきこもって○○年になります。歳は○○才です。お小遣いはいくらあげたらいいですか？」と、「部屋に入って掃除をしてあげたほうがいいですか？」なんです。何でそんなことを質問するのか本当に理解できないんですけど、お母さんたちはもうそれぐらい切羽詰まった気持ちになっちゃうんですよね。それが正しい質問だと思っている。そういうことがひきこもりの問題だと。そこで、ゆっくり時間をかけて「そうじゃないんですよ。そこが問題じゃないんですよ」とていねいに話をしていかないとなかなかわかってもらえないという部分もあって…。

伊藤　私自身は常々どうしても、どちらかというとマクロレベルの話をしてしまって、当事者たちの本当の苦しみという部分をこの問題に関してはしっかりと感じてこなかったという負い目があると思っています。もちろん感じなくてもいいと思っているわけではなくて、ただ私もいろんな活動をしている中で、そこまで手が回っていないというのが正直なところなのですが。

　もう少しそのあたりの実感を教えていただけますか。

中原　確かに、親御さんの気持ちも愛情もわかるし、最終的には家族の力、愛情がとても重要な鍵になります。なるべくまた一つのきれいな円に家族の関係を戻していく努力も僕らはします。けれど、ひきこもっている時点で、その子に必要なものは何なのかということを考えていくバランスが重要ですよね。

実際にひきこもり問題では、第三者の冷静な目が介入していかないと、まず解決に至らないという現実があります。また、お母さんをはじめ、家族がそれぞれ問題解決に向けて自分は何ができるか、どんな役割があるのか、はたまた問題に飛び込んでいくことだけが正しいのかということを冷静に考えることが非常に重要なんです。

ところがさらに講演会で目にするのが、「子どもの心理」とか「思春期の心理」とかを妙に詳しく勉強しているお母さんたちなんですね。本当に多いんですよ。不登校・ひきこもり問題を子どもたちの心理、つまり「ミクロな視点」のみで解明しようと必死なお母さんたちが。講演会でも「これは○○という症状じゃないんですか?」、「それは何という現象ですか?」という質問。あるいは「受容的態度ですべてを受け入れなければいけないはずでは?」と意見を述べる人が本当に多い（苦笑）。

僕はそこで常に違和感を覚えていて、「何が原因だろう?この違和感…」と考えると、実は親御さん自身が自分の価値観やこれまでの自分の生き様をきちっと捉えていないという違和感なんですね。

伊藤　生半可な勉強でかえって不安に陥ってしまうのも、あまり好ましいことではないですね。そういう親の心理というのも、私たちは考えていかねばならないのでしょうけどね。私たちも親の一人として。

中原　そうなんです。ですから『＊燦＊』では、ひとまとめに対応する家族会を作らずに、個別に親御さんとの面談や食事会などを頻繁に行なって、「家族」という単位でも支援を行なっているのですが、必ずしも上手くいくわけでなく、なかなか難しいですね。

子どもの心理だけを一生懸命見ていくということは、さっきの公害問題の例を考えてもらうとわかると思うのですが、症状が出ている子どもたちばかりを見ているわけで、工場の排水とかに注目はしていないわけですよ。だから子どもたちの心理とか子どもたちの症状のみをいくら研究しても、この問題は絶対解決せず、工場でどういう排水が流されていて、その排水がどう影響しているのかという部分をやっぱり研究していかなければいけないんです。つまり、家族がどのような意識をもって家族であったか、そしてそこでどのような教育がなされてきたのか。

しかし、なかなかそういう視点をもっている親御さんというのはいなくて、自分が排水を流している工場長であるのに、その部分をきちんと見つめることなしに、すべてをその子に捧げるかのように接してしまう、または、症状の出たその子の状況だけを分析研究してわかったような気がしていて、でも解決できない、ということが非常に多いんです。

子どもたちに影響を与える環境という意味においては、公害問題における「工場」というものと相対するものは何かというと、やっぱり「家庭」であり「学校」なのではないかなと思います。ですから、まずは自分たちがどういう人生を歩んできたのかということを振り返ってほしいんですね、親御さんには。

■世代、時代性をヒントに

中原　『＊燦＊』では、父母との初回の面談や食事会などにおいて、お子さんの話以外の家族の歴史、お父さん、お母さんの生き様、考えなどをいろいろと聞かせていただき考察を重ねてゆくわけですが、そのとき、世代別の特徴も僕は頭に入れて接しています。例えば親の世代がですね、一九四〇年代後半生まれだと「団塊の世代」と言われますよね。今の57歳から59歳くらいですね。このときは「大学紛争」があったり「サブカル（サブカルチャー）」という言葉が流行ったりするわけです。その次に一九六〇年代生まれというのが「新人類世代」といわれて、今の40歳くらいが中心です。この世代はバブル経済に踊ってしまったわけですよね（笑）。

伊藤　そうです、それがまさに私の世代です。私が大学を卒業したのが一九八七年（昭和62年）なのですが、就職活動なんてする必要がほとんどなくて、完全に売り手市場だった。大学4年生の頃、私は大学院に行くことを決意していたのですが、ＯＢにそう言っても、「まあ、飯だけ食わせてやるからこい」なんて言われて、企業の方と話をしたりしたこともありました。あの時代、今振り返ってみればですけど、確かに踊っていたのかもしれませんね（苦笑）。

中原　そして僕なんかがそうなんですけれども、一九七〇年代生まれが「団塊のジュニア」と言われている位置づけになりますね。70年代前半の世代は就職もギリギリしやすい状況でした。さらに一九八〇年代生まれは「ポスト団塊ジュニア世代」ですね。もうこの世代では「フリーター」という言葉が流行ってゆくわけです。

このように、自分がどのような世代を生きてきた人間として子どもを育んできたのか、自分がどのような社会的背景の中、どのような価値観をもって生きてきたからこそ、子どもたちが現在こういう状態なのだという部分を、一回冷静になって考える必要性を僕はすごく感じるんです。

伊藤　そのとおりだと思います。やはり自分の歴史的なバックグラウンドを知らないとね。

中原　さらにもう一つヒントがありまして、それは自分がどういう世代だったかという以外に、自分たちが子どものときどのように遊んで暮らしてきたかということですね。

伊藤　それももちろん大きな要因だと思います。

中原　例えば昭和20年から35年くらいに子ども時代を過ごした人たちは、第一次産業が盛んで、農村社会がまだ存在し、子どもたちはお正月や夏祭りなどの年中行事を中心に生活していて、地域社会の役割がまだあった時代の人たちですね。そこでは子どもたちは6～8人のメンバーで同性が集まってガキ大将がいて、暗号があったり独自のルールがあったりして、という時代です。

次は昭和35年から50年代くらいに子ども時代を過ごした人たちで、第二次・第三次産業がだんだん主流になってサラリーマンが半数を超えて、もう「戦後は終わった」といわれる時代。月賦販売がだんだん流行ってきて、子どもたちも、お小遣いを月極めでもらうようになる。さらにちょうどこの頃に漫画の少年ジャンプとか少年サンデーが創刊されて、テレビ世代、現代っ子という言葉も流行る時代ですね。

次は昭和51年から平成3年くらいまでの子どもたちで、この頃には情報産業やサービス産業が主流になり、「週5日制」「花金」という言葉が生まれ、子どもたちは週単位で塾やお稽古ごとをするような生活になっていきます。遊びの空間、遊びの仲間、遊びの時間っていう三つの「間」が失われ始めたと言われ、テレビゲームが得意というような一人型の行動がだんだん増えてゆく。

最後は平成4年から現在にかけて子どもの時期を過ごしている子どもたちで、学校も週5日制度が始まります。車産業、IT産業が盛んになり、ゆとりとか居場所作りとかが盛んに言われますが、それは同時に子どもたちの生活が一段と忙しくなり、そして乱れてきたということですね。放課後の世界は完全に消えて、仲間という集団はまったく存在せずに、友だちがコロコロ変わり安定しない。大勢でいるが結局まとまりに欠けて、一人ひとりがバラバラな「個」で存在している。この世代に「モーニング娘。」がいると言われると、「あー、モーニング娘。！　どんどんコロコロとメンバーが変わって、それでも活動は普通に続いていくよね」というような。

こうして、自分がどういう時代に子ども時代を生きてきたかを認識することで、自分の子どもに対してどういう教育をしてきたか、あるいはしてしまったかっていう部分が見えてきて、考えるヒントになるんじゃないかと思います。またその子に欠けているものは何なのかを僕らがつかむ上でも有効ですね。このあたりのことは明石要一氏の「子どもの生活と遊びの歴史」（藤崎春代・武内清編著『子ども・青年の生活と発達』放送大学教育振興会）にまとめられているので、興味のある方はぜひ読んでみてください。

伊藤　こういう話になると、西暦よりも元号で捉えるほうがピンときやすいですね。研究論文では西暦表記が原則で、私は西暦を用いるほうが基本的には適切だと思っているのですが、私たちの生活時間に元号は欠かせないところがあるようです。昭和生まれと平成生まれでは、大きく違うようにも感じられますし。

■自らを見つめるということ

中原　子育て論なんかも交えながらさらに話を進めたいと思うんですが、僕は昭和45年生まれなので、さっき紹介した二番目の時期にあたる世代なんですね。けれど実際は、住んでいた場所にはまだ裏山があって、小川が流れていて、年齢も別々の子たちが集まって遊ぶ最後の世代だったと思うんです。妹の世代になったらそんなのはもうなかった。本当に最後の、まあ、僕の地域では最後だったと思うんです。やっぱりガキ大将がいて一番チビちゃんまでが一緒にいて、そのチビちゃんはなかなか野球には入れてもらえなくて球拾いなんですけど、打つときは5球ストライクまでやらせてもらえたり、お菓子とか、何かあるとその子から先だったり、またどこか別の地域の子たちとケンカするときはその子は守ってもらって……、でも使いっ走りみたいなね（笑）。そんな中で掟とかルールとか人間関係や社会性を学んでいるという時代だったんです。

伊藤　私もまだ小学校に入りたての頃に、5年生6年生の大きな子たちに混ぜてもらって草野球をやっていました。打席に立つとあまりに小さいんで、手加減して投げてもらったりしたことがあったなと思い出します。近所の年上の子にちょっといじめられて泣いて帰ったら、母に「言い返してきなさい！」なんて言われたりして（笑）。でもおおむね寛容でしたね、年上の近所の子どもたちは。幼い私を上手く遊ばせてくれていたように記憶しています。

中原　僕なんかは母親から草花とか星とか野菜とかそういったものに興味をもつような教育を受けてきて、男の子なのに夏休みの宿題が押し花ですからね（笑）。そうやって自然に親しむような環境がまわりにもあったし、親もそういうふうに意識して育ててくれたっていう部分で、振り返ると、『＊

燦＊』における日々は、結局僕が子ども時代に経験したものや親から受けた教育そのままなんですよ。それ以上でも以下でもないなって。そういう部分では、ちょっと今母とケンカしている最中なんですが、母親には感謝する部分もあって（笑）。

伊藤　なるほど、中原さんには、そういう女性らしい（？）バックグラウンドもあったんですね（笑）。

中原　『＊燦＊』のスタイルとしては、僕がガキ大将で、『＊燦＊』に来る子どもたちは年齢が高くても、男の子も女の子もみんなおチビちゃんの『＊燦＊キッズ』であって、そこでは年齢も性別も関係なく、集団が一つのルールを作って、僕がバーンっと強く言っても、誰かがそこを優しくフォローするというように、本当に仲間として集団で動いていくんです。そんな『＊燦＊』は、卒業した子も帰ってくる場所というか、よき幼なじみのようで、例えば料理人になって『＊燦＊』を卒業した子なんかが彼女とケンカすると愚痴を言いに戻ってくるとか（笑）。休みがあると戻ってくるとか。

例えば、今日スタッフとして手伝ってくれているユウイチ君は、大学の心理学科に進学して『＊燦＊』を卒業したのですが、今も空いている時間は戻ってきてくれて、後輩である『＊燦＊キッズ』に勉強を教えてくれています。まさに『＊燦＊』は子どもたちが帰ってくる故郷であり、いまだに僕がガキ大将として君臨するチームでもあります。

でもそれはやっぱり、自分が育ってきた環境、また親の教育のあり方かなという部分で、自分の子どもにもなるべくそういう同じ状況を与えてあげたいと思って、そういう気持ちで子育てをしているんです。

伊藤　私にも二人の子どもがいますが、自分が親にどう育ててもらったのかということが、子どもとの接し方に大きく影響していると思います。ふと気づくと、父と同じような話し方――しかも自分が子どものときはそう言われて嫌だったなあと思うような話し方――をしているなと思ったり（苦笑）。

でもやはり同じとは言えない。世代の違いはありますね。ですから、どういう時代を自分は生きてきたのかというところを、やっぱり捉え直す必要はあるんですね。私は一九六四年、昭和で言うと39年の生まれなんですけども、「十代の教祖」と呼ばれた尾崎豊と同世代。彼のほうが一つ年下なんです。尾崎豊は昭和40年、一九六五年生まれです。

彼は26歳で亡くなってしまいましたけど、彼が歌っている歌から、あんな雰囲気が確かに中学生のときあったなってやっぱり思い出すわけですよ。で、あの頃は「非行」という言葉がよく使われていました。非行と呼ばれる人たちは学生服を長くして派手な裏地をつけた学ランを着ていましたね。女の子でも非行といえばスカートが長かったですよね。今は逆に短いですけれども、あのときは長かったんですね。

親からは「あんたたちは幸せなんだよ」と私は言われました。つまり、戦前生まれの親からすると何でも物がある。だから、あんたたちは幸せなんだよって。でも、それが何なのかはよくわからないというか。もう初めからテレビも、最初は白黒でしたけれどもありましたし、そう言われて言葉ではわかっても、実感としてはわからなかったというところです。

中原　子どもたちがどうだこうだという現在のところだけではなくて、親自身、自分たちがどうだったかという過去の部分を考察すると、それは結局子どもへの教育、環境の面で足らなかった部分を理解することになり、そこに対してもう一回サポートすることができるし、自分が育った環境のプラスの評価の部分はそれを自分の子ども以外の他の子たちにも、地域の他の子たちにもしてあげなければならないという形につながると思うんですね。

そういった個人個人の動きが、最終的に「社会を変えていく力」、「より良い社会を作り出す力」として結びついていき、先生で言うところの「お神輿」をこっちの方向だったりあっちの方向だったりにもっていけるパワーにつながっていくと思うんです。だからこそ、もし息子さんや娘さんが不登校やひきこもり、あるいは他の問題を抱えてしまったときには、その子だけの「心」を「心の問題」として捉えるのではなくて、もう一度、自分自身にフィードバックして、その長い歴史の中から生み落ちた滴がこの息子なんだ、この娘なんだ、という感覚を親御さんにもってもらえるといいのではないかなと思います。

伊藤　「心」という言葉があらためて出てきましたけど、「心の時代」っていう言葉がありますよね。で、心の時代って言われるようになって、だいたい20年くらい経つというふうに私は捉えています。それは根拠があって、一九八五年に河合隼雄さんという著名な心理学者が、学校とか家庭とかへの心理学導入を臨時教育審議会の場で提案したんですね。

あのあたりから心の時代は始まっていると見ることができて、一九九〇年代に入って臨床心理士という資格も作られましたが、私自身は心の問題が非常に肥大化して捉えられたっていう感じを受けているんです。自分が心理学を専攻しながらこう言うのもなんですけど。そうすると結果として、心理学――とくに臨床心理学なんですけども――の研究がもたらした功の部分はもちろんあると思っているのですが、罪の部

2002年度から小・中学校に導入された道徳の補助教材「心のノート」。小学校１・２年生版、３・４年生版、５・６年生版、中学生版の４種類があり、「美しい心」を育むことなどに主眼が置かれている。

図５

分というのも案外大きいんじゃないかなっていう思いがありまして。心がある意味で商品化され、それすらも消費の対象になっていくところもありますし。それでちょっと怖いんですね。

だから心だけを取り出して、その子の心が問題だ、みたいな捉え方っていうのはどうなのか。やっぱりそうではなくて、今までずっと話してきたように、いろんな関係性の中で心というものが存在しているんだと思うんですよね。そういうところを抜きにして、この心が問題だって言われても困ってしまう。

そうした問題意識から思うんですけれども、「心のノート」という道徳の補助教材が今小・中学校で導入されていて（図5）、小学校1年生の段階から「あなたの心を大きく美しくしましょう」というようにやるんですね。あれは何なのかなってずっと思っています。

拙著の一つに『心のノート　逆活用法』（高文研）という本があります。あの教材を使わざるを得ない教師の方々に読んでほしいと思って書きました。小学校の段階から心を過大に捉えさせようとするやり方には、私ははっきり言って賛同できません。あれを作ったのが河合隼雄さんらです。私はそのスタンスに反対します。もっと違うやり方があるに違いないし、そういうものを肥大化させている心理学者の責任というものを問いたいと思っています。

「当事者」から捉える不登校・ひきこもり問題

■子どもたちに流れる普遍性

中原　本当にそうですよね。「心、心」と迫れば迫るほど、問題の本質から遠のいていく気がします。その点を少し念頭に置きながら、次は「当事者」についての「ミクロ」な視点に移りたいと思います。今日は、伊藤先生がベトナムでお撮りになった写真をスライドで映したり、最近発行した僕の写真詩集の写真や詩を展示していますが、それらを見てもらいながら話を進めようと思います。

　この写真詩集の創作は、僕の友人であり、『＊燦＊』にも深く関わってくれている写真家の政井義和さんと一緒にタイ・カンボジアへ行き、政井さんが子どもたちや風景の写真を撮り、僕はその傍らで詩を書くという方法で行ないました。

　そこで最初に、現地に入る前にある仮説を立てたんですね。「やっぱりタイ、カンボジアってまだまだ発展する国だし、そういう子たちは純粋だし目が輝いているよね。そして現代病に冒されている日本社会の子どもたちはやっぱり病んでいて、上手く笑うことすらできないんだよね…」「その違いを浮き彫りにして、不登校・ひきこもり問題の根本を探ってみよう」というようなことを考えながら飛行機に乗りました。けれど、2週間、3週間と旅を続けていく中で、「あれっ、ちょっと変だな？　最初に立てた仮説、違ったかも…」という話が何回も出てきたんです。田舎でノホホンとして、何も問題を抱えていないから、にこやかに笑っていられるわけではないんですね。やっぱりここの子たちの笑顔の向こうにも厳しい現実があり、労働環境や教育環境、衛生面など、その子たちを取り巻くものの状況は非常に厳しい。その中で必死に生きている子たちなんです。その中で、カメラを向けると笑ってくれ子もいるし、逆に遠い目をしているあの彼女の目の中にも（写真1）社会のプラス面とマイナス面の両方からくる真実があるんじゃないかな、という話になり…。旅を続けながら詩や文章を考えていると、日本にいる『＊燦＊キッズ』とこの子たちとどこが違うのかな、と思えてきて、「いや、結局、同じなんだよな」っていうところに行き着いたん

写真１（カンボジア・アンコールワット、政井）

写真２（タイ・タプロム、政井）

ですね。

『＊燦＊キッズ』もやっぱり、家庭環境や学校の環境、自分のまわりのものなど様々なものを越えて僕らと出会って一緒に闘う中で、すごくいい笑顔で笑うし、真剣なまなざしの向こうに日本社会の未来が見えたりする瞬間があって、「ああ、これはタイやカンボジアなどの東南アジアの子ども対日本の現代の子たちという偏見というかステレオタイプで文章を書いたり分析したらいけないんじゃないかな」と思いました。子どもたちの間には、もっと「普遍的なもの」が流れているではないかなという点に行き着いたんです。

伊藤　私もよくベトナムなどに行って写真を撮ります。子どもたちの表情——子どもたちに限らず、しばしば大人たちもですけど——が、本当に生き生きとしていることが多くて、日本の子どもたちとはちょっと違うなと感じることが正直言って少なくないです。

　でも中原さんがおっしゃるように、彼らはとても厳しい現実を生きていたりもします。ベトナムの海岸で出会ったある女の子は、私にまとわりついてなかなか離れないのですが、でもなかなか笑ってはくれなかった（写真3）。私と別れるときなって、ようやくちょっと表情を緩めて手を振ってくれました。彼女の家はどんなふうだろうとても気になったのですが、そこまで着いていくことはできませんでした。

それからフエという街の小さなレストランで私が一人で昼ご飯を食べていたら、物乞いの親子がやってきたんです。そのときは無視するほかなかったのですが、彼女が連れていた子どもが自分の息子の姿とダブって見えてきて、ちょっと躊躇したのですが、店を出てから声をかけてみました。そうしてわずかなお金を差し出したら、お母さんは表情を緩めて笑顔を見せたくれたのに、私の息子と同い年だという男の子は、最後までニコリともせず、厳しい表情のままでした（写真4）。

それでも日本の子どもたちとはどこか違って、生きる力というか、芯の強さというか、そういうものを感じるのです。中原さんが言うように、それはステレオタイプですかね。私には、必ずしもそうは思えないのですが、どうなのでしょうか。

中原　うん、確かに。学校に行っている、あるいは行けている日本の子どもや若者たちを、東南アジアの子どもたちや若者と比べたら、先生がおっしゃるとおり、総体的に生きる力や芯に弱さを感じるかな…（笑）。でも、何年もひきこもりや不登校に苦しんで、そしてそこから抜け出しつつある子などは、やっぱりすごく強い輝きを放ちはじめるんですね。一度どん底を見ているというか、極限を見ている子たちの復活

写真3（ベトナム・フエ、伊藤）

写真4（ベトナム・フエ、伊藤）

写真５（ベトナム・フエ、伊藤）

写真６（タイ・プーケット周辺、伊藤）

写真７（タイ・スコータイ、政井）

への笑顔を見ると、やはりその部分に関しては「普遍的なもの」を感じますね。

それでは「普遍」とは何だろう、と思ったときに、僕らはやっぱり生き急いでいるというか、自分の生が有限だという部分にすごく緊張感をもちすぎている。そこに自己完結しなければいけない、死ぬまでに何か、生まれてきたからには何か意味があってそれを獲得しなければいけないというような部分にすごく追いやられているけれども、やっぱり（展示されている写真を指しながら）こういう空間の中であいう朝焼けを見たり、あの静かな水面をずっと見たりしていると、すべてはずっとつながっていて、永遠に続くひとつの鎖の中に僕たちはいるということに気づくわけですよね（写真８）。

人間を30歳とか40歳とかその人の年齢で捉えるのではなくて、生命体として38億歳から始まっているのだと捉えなければいけない。その生命体が生まれてからずっと今日に至るまでの年数の記憶がＤＮＡの中に刻まれていて、人間というのはその鎖の中の一つの輪っかであって、だからこそ自分で命を絶つとか誰かを殺すとかというような、そこを断絶するような、何かしらの違うアクションを加えてはいけなくて、もっと謙虚にその生命の鎖の中に生きていかなきゃいけないんだという話を聞いたことがあるんですけど、まさにそうだよなということをこの風景の中ですごく実感したんですね。

写真８（アンコールワットの朝、政井）

伊藤　そういう捉え方には共感するし、ロマンも感じます。私も自然農と呼ばれる不耕起栽培で古代米や野菜を作っていて、自然の中での「いのち」を実感もします。なかなかそういう実感は、科学的には何とも証明できないことですけどね。そうした「いのち」を感じ取るためには、やはり何か深い体験というものが必要です。生命の大切さを言葉では説明しきれないように、言葉で言われただけでは何ともわからないことが多いですから。「何で人を殺してはいけないの？」と子どもに問われても、それを言葉だけで説明するのは難しい…。

中原　そうですね、難しいですよね。けれど、そういった国々の子どもたちと出会っていろんな話をする中で、子どもたちも僕自身もその鎖の中の一部であって、そこにきちっと生きていく、そこに存在していくこと自体に意味があるのだと思えるようになったんです。そのことで、何かこう気持ち的に楽になるというか、焦らないですむというか、そこで初めてまわりがよく見えて、隣の人の笑顔がよく見えて、親の愛情がわかって、そして次に自分の子どもに何かを託していくんだということを感じられるようにもなりました。

だから、まずはそういう気持ちを『＊燦＊キッズ』と共有したいと思って日々向き合っていますし、「支援」という感覚やカウンセリングなどの技法を駆使し子どもたちと接するのではなく、「自らの生き様を見せてゆく」ことで「生きてゆく」ということを伝えたいと思っています。つまり、「心の問題」「心のケア」などと子どもたちに迫る前に、もう少し全体を俯瞰するというか、人間というものの生を大きく捉えておくべきだと。ですから、「勉強会」などの形式ではなく、こういう詩や写真などが展示されているギャラリー空間の中で、話し合い、伝えることこそがすごく『＊燦＊』らしく、僕らの考えている理想というものも伝えやすいのではないかなと思い、今日はこういう形で先生をお招きしたのですが、伊藤先生、どうですか。

■なかなか見せられない「生き様」

伊藤　はい、こうした写真に囲まれるのはいい感じですね。先にお話したように私自身も写真を撮るのは、プロではないのですが、それなりにこだわってやってきたつもりです。ベトナムなどに行くと、日本に戻ってきたときのショックのほうが大きいんですね。とくに東京あたりで電車に乗ったりしていると、どんよりとした顔つきの人が多くて。自分もたぶんその一人なんでしょうけど（苦笑）。

ところで、二年前に私の娘が通っている小学校に呼ばれてベトナムの話をしたんです。「総合学習の時間」の一環だったようで、「ベトナム名人のおじさん」として話をしました。これがすごく面白かった。何が面白かったかというと、子どもたちの反応がとってもよかったんです。「はーい、質問ある人？」と言ったらみんな「はーい！」ってこう手を挙げちゃってね。ホッとしました。大学で講義をしていて、「はい、質問ありますか」と言うと誰も手を挙げない。でも小学校では、終わってからもなんかワサワサと子どもたちが寄ってきてくれたんですね。本当にうっとうしいくらい（笑）。で、ああ、日本の子どもたちも、まあもちろん全員ではないっていう前提はつけなければいけないでしょうけど、元気あるなー、いい顔してるなーってそのときは思ったんですね。

ところが、成長していくにつれてだんだん元気がそがれていくっていうか表情が褪《あ》せていくというか笑わなくなる、身体も反応しなくなる。普段私は大学で講義をしているわけですが、学生たちの身体、硬いなーって思うんです。反応しないんですね。面白いなら笑ってよって思うし、わかるならうなずいてよって思うし、つまんないならつまんないっていう顔していいけどさ、といつも思うんです。でも、そういう反応が非常に乏しい。そういう身体になってしまっている。

学校教育だけが原因ではないのですが、そういうシステムを実は私たちが作ってしまっているんじゃないかという気がしてなりません。ベトナムでは子どもたちだけでなく若者たちももっと反応するんですね。もちろんいろんな教育の問題ですとか、経済的には大変な状況があったりするのですが、それでも反応するんですよ。その何というか、人として対応する、ということでしょうか。人に対して何かを投げかけて反応があるとやっぱり嬉しいじゃないですか。そういう中で自分もいろんなことを感じながら生きていたいなと思うんですね。

それからもう一つお話ししておきたいことがあります。私が尊敬するカメラマンの一人に石川文洋さんという方がいます。ベトナム戦争の頃からずっと撮っておられる方ですけども、実は茨城大学で三回も集中講義をしてもらったことがあり、今なおご活躍中です。その石川さんが、戦場を歩き、たくさんの人の死を見てきた上でいつも一貫して言われるのは「生きていてこそ」ということなんですね。命を失ってしまったらもうそれは二度と取り戻せない、だから「生きていてこそ」なんだということを本当に繰り返し言っています。それからもうひとつ、自分を、自分の命を大事にできない人はやっぱり他の人の命を大事にできないということも、石川さんは語っています。まったくそのとおりだと私も思うんですね。

ですから、先ほどの中原さんのお話に多分つながるだろうと思うんですけども、自分自身がかけがえのない存在で生き

ているこ と にやっぱり価値があって、自分の命を大事にしていこうって思えたら、やっぱり他の人も大事ですよというこ と に当然なるし、そこからまた何かが生まれてくるのかなと考えます。

私がナンセンスだなっていつも思うのは…、何か事件があると教育委員会などが「命の大切さについて子どもたちに教えなさい」みたいなことを言いますね。そんなこと誰が教えられるんだろうっていつも思うんですね。大人自身の生き様で示せないと、言葉で「生命が大切だ」と言っても何も伝わらないでしょうに。

中原 そうですよね。僕らも『＊燦＊キッズ』と接するときにキーワードがいくつかあって、まず一番初めが先ほど述べた「生き様」なんですよね。僕らがどのように生きているか、生きてゆくかをきちっと見せていく。ですから、『＊燦＊』に通い始めたばかりの子や、症状が重い子たちには配慮しますけど、基本的にはスタッフどうしのケンカとかも全部キッズに見せちゃうわけです。本気でやりあうわけですよ。まあ些細なことなんですけどね、言った言わない、時間に遅れた遅れないとか（笑）。

でも本気でケンカをしても、その後きちっと仲直りをして、また一緒に何かを作り出していくところも全部見せるんですね。つまりダメなところもいいところも全部です。そうしたら「生き様」で子どもたちが初めて、「ああ、対人関係ってぶつかっても修復して、修復すればさらに強くなって、そこでさらに生み出せるものがあるんだ」ということを感じるわけですよ。いくら言葉でね「友だちを大事にしなさい」「誰かに頼りなさい」「その中で生きてゆきなさい」と言っても、言葉だけではスルーしてしまうわけで、「生き様」をまず全部見せていくというところで子どもたちにぶつかっていくことを基本にしているんです。

そして、もう一つは「バランス」という言葉だと思うんです。この世の中ってきれいごとだけではやっぱりないわけで、泥沼をはいずり回ってやっと青い空が見えることがあるというのを僕は感じるときがあって、そうするとその泥沼あってこその青空であり、青空あってこその泥沼、すべてはその陰と陽の「バランス」の中に集約される。

ですから、何かの一面だけを見て「悪い！」と否定するのではなくて、その裏には何かがあるし、それがお互い影響を及ぼしているんだということもやっぱり『＊燦＊キッズ』に伝えていかなければいけないと思うんです。人の動向にはナーバスなのに、けっこう自分の価値観のみで判断をする子が多いので、柔軟性を養い、前向きに問題を解決していけるようになるという意味でも、「バランス」感覚というものを常に見せていくよう意識して接しています。

伊藤　今おっしゃったところの「生き様」ということに関連してちょっと思うんですけどね。先ほど石川文洋さんの名前を出しましたが、たくさんの戦場を歩き、本当にたくさんの人の無残な死というものを見てきた人が、それでも夢を語るんですね。で、彼自身にまだ夢がある。もう年齢的にいうと70歳に近い方なんですけども、本当にカッコいいなって思うんですよ。私はあまり男に興味のない人間なんですけど(笑)、なんか男惚れするようなすごい人だなって思うんです。

ですからそういう、敬意を表したくなるような生き様を見せてくれる大人がもっともっと増えてほしいと思うし、私自身、石川文洋さんになることはできないですが、若者たちに何か感じてもらえるような生き方ができればいいなといつも思います。やっぱり子どもたちに夢をもちなさいって言う以上は、大人自身が夢をもっていて夢を語れなければ…。そんなふうにいつも思います。

中原　子どもたちって、やっぱりどこか本質的なものを求めているという部分がすごくあると思います。けれど、そこに応えてくれない大人たちに対して絶望感や失望を感じているという部分で、これら不登校・ひきこもり問題も考える必要がある。それぐらい重要な問題なのではないかと思います。

■「自分ワールド」と「生への渇望」

中原　さて、ここまでは『＊燦＊』まで通って来ることができる『＊燦＊キッズ』を念頭に置き、「心の問題」という視点よりも、まず「普遍性」、「人間の生」というような大きな視点で接することを心がけているという話をしてきましたが、ひきこもり状態というのは簡単には解決しない暗い闇の部分もあるわけで、次にその部分を見ていきたいと思います。

『＊燦＊』では、まずは親御さんとの面談からすべてが始まり、その後、当事者の子へのアクセスが始まるんですね。そのアクセス方法も様々ですが、本人のプレッシャーやストレスを軽減する意味もあって、家庭訪問の形が多いです。そこで初めて出会えて、簡単にすぐ『＊燦＊』に来られるようになる子もいれば、訪問してもまったくドアさえ開けてくれない子もいる。というか、多いんですね、当然そういう子のほうが。そしてそうやってずっと一人で部屋にひきこもっていると、みんな哲学者みたいなことを言うようになるんです。

伊藤　それは、もう少し言うとどういうことですか。

中原　ひきこもりになった原因は何であれ、ひきこもり状態が長く続き、「社会に出られない」という当初の問題が「家族内の闘争」という問題にすり替わってしまっている状態の子はほぼみんなそうですね。人格的な障害が出ているケースも多いのですけれど、「自分ワールド」なるものを作り上げていて、「なぜ生きているのか」「父親、母親という存在は何なのか」「自分の生まれてきた意味は」と一見「哲学的」な話をすごい勢いでしゃべる。しかも自分のこれまでのヒストリーを上手くかぶせて、父親や母親のミステイクやこれまでの行動への批判なんかも巧みに混ぜて。そうすると、お父さんお母さんはそれに負けちゃうんですよね。言い返せなくなる。

でも、そんなふうに両親や支援者にぶつけてくる言葉は、それは結局生きていこうとする上での哲学ではなくて、今の自分はダメだと自覚していて、そんな自分をプロテクトするためだけの後ろ向きの言い訳、呪いなんですね。「なぜ自分だけこんな目に遭っているんだ」「自分のせいじゃないところに原因があるはずだ」「こんな状況は本意ではない、でもこういう理由で仕方がないんだ」と。これはまったく哲学なんかじゃないですよね。哲学というのは、生きていくためのものであり、人間関係をつないでいって初めて熟成するものだと思うんです。それらがまったくないのに自分は哲学をしているという形でしゃべるわけです。

伊藤　哲学もどきになってしまっているということですか。生きる力を得ていくことにつながっていないということですかね。哲学というのが、私たちの生きる指針を与えてくれるものだとすれば、確かにそうかもしれません。でも本人たちは、そこで真剣に格闘しているわけですね。それを、彼らなりの哲学だと言えば、言えなくもないような気もしますが。

それで、そういう子たちに対峙している親御さんたちはどうなんですか。

中原　先ほどの話にもリンクしますが、今のお父さんお母さんはそれに勝てないんですよ。僕から見たらその子の話は矛盾だらけだし、それよりも、「そんな自己防衛のための話を作り出さなければならないほど苦しいんだ！」「助けて！」と訴えているサインなんだとわかるのですが…。だから矛盾点を一つひとつ解きほぐしてあげたり、正面きって意見をぶつけ合ったりすることが大事なのに、「うちの子は哲学的なことをいつも言っていて私たちにはわからないぐらいすごく頭がよくて…」と、そして「それなのにひきこもっていて…」と下を向いてしまい、向き合ってゆくことができないんです。

お父さんもお母さんもなぜそうかというと、日々流されて生きていて、そこに自分のビジョンであったり、哲学なんて難しいものでなくても、「こうなんじゃないか」「こうやって毎日を暮らしていきたい」「こういうときに幸せを感じるな」という軸のようなものでいいと思うんですけど、そういったものさえ持ちえていないからなんですね。それで子どもに太刀打ちできずに言いくるめられてしまって、ひきこもりが長期化していく。そうして、家族内闘争が悲しい事件につながってしまうという流れになってしまうんです。

伊藤　そうですか。でも親御さんたちも真剣で、どうしたら出口が見つかるのかわからない中で格闘しているんでしょうね。私の二人の子どもたちはまだ小学生と保育園児で、そこまでのことに直面したことはありません。でも他人事ではないですね。こんな場所で偉そうなことを話していても、いざ当事者となったら、すぐに解決策が見つかるわけではないですから。きっと私もオロオロするのだろうと思います。

中原　何も解決策とまでいかなくても、せめて問題の本質がどこにあるか、自分の子どもとどう向き合うか、という部分にはそれぞれの考えをもっていてしかるべきかなと思うんですね。親である前に大人として。そうすればそのときそのときに子どもが出しているサインにも気がつけるのではないかと思うんです。他人をどんどん遠ざけて、「自分ワールド」を構築して10年間ひきこもっている子でも、今話したように「いわゆる哲学的な話」をするということは、先生がおっしゃったように「格闘」でもあるわけで、それはつまり、ずっとその世界にいたいわけではない、脱出したいサインなんです。本当にひきこもりの断絶状態を望むなら、言葉を発したり、自分の状況を正当化したりしませんよね。戦いもせずに、「ひたすら無気力」に「廃人」になっていくわけです。ですから、本当の部分では何か役に立ちたいし、自分が生まれてきた前向きな意味を見つけたいんです、みんな。

それで、何回もあきらめずにその子の家に通うんですね。『＊燦＊』まで来られる『＊燦＊キッズ』との日々も楽しくてかけがえのないものですけれど、外に出られない子たちへのアクセスこそが一番大切な仕事だと思っているので。…いや…、仕事じゃないな、使命かな…。たまに、「俺は何でこんなことやっているんだろう⁉」と、ふと思うときもあるんですけど（笑）。

伊藤　そういう中原さんらの取り組みが、私などにはない点で、本当に頭が下がりますよ。自分が生きていることだけでも大変なことなのに、他の人のそうした点までも気にかけて、具体的に何か働きかけようとしているのですから。いつも思うのですが、私にはそこまでのことをするバイタリティが正直言って湧いてきません。

中原　そうですか？（笑）　でも結構、素の状態でできるんですよね。肩に力入れすぎずに、支援支援と思わずにポンっと。まったく部屋のドアを開けてくれない子のところに3カ月毎日通ってドア越しに話しかけたりすることとか平気なんです。

そしてラジオをよく聴いていると言われれば、そのラジオ番組と同じものを聴いて話しかけるし、そういうことを少しずつ積み重ねて、信頼関係も、相手を思う気持ちも積み重なってきて、ちょっとずつドアが…開いてくるという。

そしてそこで僕が感じるのは、そういった子の望みの本質は「もう一度人生やり直したい」とか「今から大学に行きたい」などといった自己顕示欲的、自己実現的というものよりも、「誰かの役に立ちたい」「自分の生の前向きな意味が知りたい」「誰かにつながりたい」という人間の普遍性につながる部分にあるということですね。そこをきちっと社会に結びつけてあげる誰かがいると、ひきこもりというのはけっして解決できない問題ではないと、そう僕は思います。

伊藤　人間は社会的動物という説明をお神輿のたとえを話したときにしましたけど、やっぱり人とのつながりがない中では私たちは生きられないんですね。自分で哲学をしているつもりになっているという話がありましたが、まあそれでも、そういうふうにやっている中で、仮に非常に未熟に見えても、それがひいては内面を鍛えるみたいなところで役に立つこともあるのかな、と。

常陽新聞に市毛勝三さんというベテランの記者がおられて、なかなか面白いことを書かれるんです。視点がちょっと普通の人と違う方向へ向いているというか、違う側面を見ているって、いつも感心するんですけども。市毛さんは、自分自身が非常に内向的な青春時代を送ったということを話されて、でもそれが自分の内面を鍛えるのにすごく役に立ったと。市毛さんの場合は、ひきこもりではなかったのかもしれませんが。

ですからまあ、そういうふうなことで、将来つながっていくような何かをしている時期という捉え方がもしできれば、ひきこもりの時間も意味があるのかもしれないし、不登校なら不登校中の時間も意味があるというように後で自分自身で思えればいいんだと思うんです。

そういうことになってくためにも、ひきこもりなどの若者たちの叫びがちゃんと聞こえるような感受性を私たちがもっていないといけませんね。中原さんには、これまでの経験を通して、そうした声が聞こえるんですね。そういうことができる大人って、いるようでそんなにいない気もします。たぶん私も、それがなかなかできなかった一人じゃないかと反省もさせられますね。

中原　あんまり褒められると照れますね（笑）。でも確かに防御壁としての「自分ワールド」「哲学もどき」の向こうに「どうしようもない生への渇望」がありますし、その部分を見つめてくれる誰かとつながれて社会に復帰できたとしたら、それはそれで「生への葛藤」と捉えることもできるかもしれませんね。

「支援団体・関係機関」から捉える不登校・ひきこもり問題

■NPOから見た不登校・ひきこもり問題

中原　最後に、NPOについての話と、今後の課題をお話しして、しめくくりたいと思います。

　まずそのNPOの部分についてですが、僕が冒頭で『＊燦＊』を指して「ユートピア」と言いました。そこでキッズたちは確かに元気になる。でも、その次に必ずそのユートピアから出なければいけない時期が来るわけで、そこがまた一つ非常に難しいところなんですね。例えば大検をとって大学に進み、その「ユートピア＝『＊燦＊』」から卒業していく。あるいは就職先が見つかって卒業となればよいのですが、それ以外は選択肢が狭いんです。

　『＊燦＊』ではそこをかなり意識して、公務員からサラリーマン、医者、学生、フリーターと様々な分野の僕の仲間が30名ほどスタッフとして関わってくれていて、選択肢の参考となるべく、生き様を見せていくわけですが、それでも狭い。実際の職場をもっと経験できたり、就職先を確保できたりと、社会に結びつきたいと考えていても、社会状況がそれを許さないということが現実にあります。

　どういう意味かというと、先ほどお話したように教育委員長の「うちの市にはひきこもりはいない」というような認識であったり、「不登校・ひきこもりとはその子自身のサボリ、怠けだろ」と言われてしまったりするような状況がずっとあって、現実的なプランを提示しても耳を貸してもらえなかったんですね。そういったことに正直うんざりしていて、僕ら自身も社会に対して閉ざしていった部分もあるんです。「だったらいいや。『＊燦＊』で完結してやればいいや」と、「大検とらせて進学させるか、知り合いの人に就職をお願いしていけばいいんだから」、「『＊燦＊』自体がひとつの社会になればいいや」と思いながらずっと過ごしていたんですね。だからそういう意味では、『＊燦＊』も感覚的にクローズしていて、閉じた社会を作り上げてしまっていたんです。

伊藤　それだと、一時的にはよくても必ず行き詰まりますね。

『＊燦＊』というユートピアの中だけで生きていくわけにはいきませんからね。必ず外部の世界と接して、ときにはぶつかるときが出てくるはずですから。

■茨城県における二〇〇四年からの変化

中原　そうなんです。そこに変化が現れたのが二〇〇四年でした。先ほど少し述べた、水戸と土浦の事件、その後にまず茨城県がこれはいけないということで動き始めたんです。二〇〇四年になってやっと（苦笑）。そして委託事業をＮＰＯ法人などの支援団体にという話になるわけですが、問題の捉え方や、事業計画書類を見ても、正直ちょっと的外れだったし、そういった事件が起きてから行政が動くというパターンがもう本当に腹立たしいわけですよ。今まで僕らが一生懸命訴えてきても聞く耳を持たなかったくせにと（苦笑）。

ただそこで、僕らがそんな気持ちでこの事業や茨城県の動き出しを蹴ってしまったら、誰が一番不利益なのかと考えると、やっぱり不登校・ひきこもりに苦しむ子どもたちでありその家族なんですね。そこで、ここは『＊燦＊』の活動としては赤字になってもやり遂げて、県の人や行政関係機関を教育するくらいの気持ちでやってやろうと思い、僕らはその委託事業を受けたんです。

そこで次に、そのことによって何が変わってきたかというと、行政うんぬんの前に僕ら自身のまわりが変わってきました。まず、委託事業を受けたことで茨城県内の他の支援団体、ＮＰＯ法人の存在を知ったんです。そうすると他の支援団体と連携がとれ始め、さらにそこに県からの委託という名前があるので正当性が出ますよね。そうすると今度は市町村行政の人たちが僕らの話を真剣に聞いてくれるようになるわけです。そうして、その中でも連携がとれ、さらに企業や地域の人々も僕たちの話を聞いてくれるようになり、僕らも社会に開いていくし、社会もその問題を共有しようという雰囲気が、昨年（二〇〇五年）一年間にある程度作れたんです。

ただし、やっぱり県が出してくる要求というのは、お役所の人たちが頭で考えた数字なんですよ。例えば、就職先になりうる事業所を何か所確保したかとか…。僕はね、確保した数じゃなく、そこでどういう子たちがどういうふうに実践を積み、どういう形で変化をしていったかという部分の報告をあげるほうがよっぽど次につながると思うんですけど、県はそのあたりはあまり求めないんですね。でも仕方なく我慢に我慢を重ねて付きあっています（笑）。

とにもかくにも、茨城県のそういう動こうという力を僕は無駄にはしたくないし、県を啓蒙するくらいの気持ちでやっていこうというところで、『＊燦＊』がユートピアでありながら、根っことというか手足が、社会にこう結びついてきたという形が一つ見えてきましたね。

伊藤　行政の対応を批判することは簡単かもしれませんが、批判をしているだけでは上手くないですからね。行政側と協力しなければ実現できないこともあるでしょうし、行政側に立って仕事をしている人の中にも理解者はいると思います。それぞれは公務員である以前に一人の人間ですからね。もちろん、組織の一員としての顔しか見せてくれないような人がいるのも現実でしょうけど。

■今後の活動への展望

中原　そうなんですよね。さらに、僕らのもう一つの変化、動きとして、「NPO法人アストリンク」と書いてある部分が図1の中にありますが、それはユートピアではなく、最初から社会というお皿の中に支援団体を設置しようという目的で、県内の支援団体、医師、カウンセラーなどとの連携の下に二〇〇五年に立ち上げ、僕が初代の理事長を務めています。ここでは『＊燦＊』のように、個別に子どもや若者たちへの支援をするということはしません。その代わりに、総合窓口を開設して家族への情報提供や、行政関係、教育関係、医療関係、そしてNPOなどの支援団体の連携の中心基地となったり、支援団体への支援、さらには国や県や市町村に提言を行なったりしていくといった活動、いわゆるマクロな活動を主としています。

こうして、当事者の子どもたちと向き合ってゆくというミクロな活動は『＊燦＊』において行ない、社会に向けて提言してゆくというマクロな活動は「アストリンク」で行なうという両輪が僕らの活動の中で形になってきたんですね。そういう意味では今回のこの委託事業は、県や、市町村の行政の変化を求めるという以前に、僕らがさらにひとまわり大きな活動を成しえるようになってきたという意味で、大きな成果があったかなと思います。

ただし、やっぱり県の事業なので、多分何年間でこう（手で下降線を描く）、なると思うんですよ。今事件が起きた直後だから盛り上がっているけれど、また収束していきますよね。さらに若干今ひきこもりブームじゃないですか、世の中が（苦笑）。ブームっていうのも変だけれども。そこで僕らがどういう気持ちでこの委託事業を受けるか、あるいは日々の活動をどう展開していくかということがすごく未来に向けて重要なんじゃないかなという意識をもっているんですが、先生はどうお考えになりますか。

伊藤　キーワードは多分「ネットワーク」ですね。私が中原さんたちの活動のことを知って、二〇〇六年7月に「アストリンク」の設立集会があって、そこで私は基調講演をさせていただきましたけれども、その講演依頼を引き受けたのは、心理学というところに特化しないで、いろんな形でいろんな人を取り込みながらそれを総動員して、つながるとこみんなつながってネットワークを形成しながらやりましょうよという姿勢が感じられたものですから、これはちょっと面白いかなって思ったんですね。

私は最初にカウンセラーではありませんと言いましたけども、個人として誰かをそういう形で助けるとか救ってあげるとかということができると思っていないんですよ、基本的に。でも、そういう仕事をけっして否定しているわけじゃないんです。ただ、私個人が同じことをしようという方向に向かないんですね。だけどネットワークを作ってその力をいい方向に少しでももっていきたいっていうように思えたので、これは面白いなって思いましたし、私もその中でなら、多少は何かできるかなと思いました。

ただ、中原さんがおっしゃるとおり、ブームというか、ひきこもり問題だから今はその対策のためのお金が出るみたいなところがありますよね。これは、まあある程度しょうがないかなと思うところもありますけれども、そういうお金がまた乏しくなってきたときにそのネットワークが、金の切れ目が縁の切れ目じゃなくって、やっぱり継続していけるようにするのが、これからの工夫のしどころかなと思います。

中原　そうですね。ですから僕としては今後、保険医療関係だけではなく、経済関係、農業関係、すべてをひっくるめたネットワークというか、その大きな円を、輪を作りたいですね。そこで、茨城だからできるような子どもたちを支援し育てる方法…。だって茨城県って山もあって海もあって、お米もとれるし果物もおいしいし、最高の場所じゃないですか。そんな茨城だからこそできる支援というか、不登校・ひきこもり問題に苦しむ若者たちを元気づけ、あるいはそういった子たちを生み出さないような方向性を考えていきたいなと思っています。

そして願わくは、早めにこういう活動を辞めたいなと思っていますね（笑）。こういう活動をやっていて、いろいろなところに呼ばれて講演とかやっていって、だんだんこう「先生」と呼ばれたりして光が当たっているので、「俺、頑張ってんじゃん⁉」という気持ちも正直ありますけど（笑）。でもやっぱり本当の気持ちの中では、「こういう役割はないほうがいいよな」と常に思っていて、僕らの役割がないということは、そういう子たちもいないということですから、うん、早く僕らの役割が消滅して、詩を書いていくだけの人間になれたら、すごく素敵なんじゃないかな、なんて思っています

これからの共同体のかたち

2004 年 12 月 26 日に発生したスマトラ沖大地震によって発生した津波によって甚大な被害を被ったタイ・プーケット。その周辺のある漁村の仮設住宅は、ベニア板で仕切られただけの簡素な長屋づくりで、路地では子どもたちがビー玉遊びなどに興じていた（写真６）。津波で犠牲になった人は戻ってこないが、津波以前の共同体的な人間関係が切れておらず、阪神淡路大震災のあとの仮設住宅で問題になった「孤独死」は、そこでは起きようがないと思われた。

被災地での聞き取り調査では、私にとってまったく予想外だったのだが、ユーモアさえ感じられる語りが聞かれた。ある小学校の校長先生はアポなしで訪れた私をすんなり受け入れてくれて、子どもたちに引きあわせてくれた。その子どもたちは、「津波のときは走って逃げて、みんな泣いてて、怖かった」などと話しつつも、その表情もけっして暗くなかった。「人は裸で生まれて裸で帰っていく」という宗教的な信念をベースに共同体の中で生きる「微笑みの国」の人たちの「強さ」を実感した。それは、私たちが失いかけている「強さ」であるように思われた。

ところで、東京タワーが完成した昭和 33 年（1958 年）の東京を舞台にした映画『Always 三丁目の夕日』では、地域共同体の中で葛藤しながら格闘しながらも楽しく生きる人々の姿が描かれている。東京オリンピック開催が決定したその翌年を舞台にした続編も 2007 年に公開され、多くの人たちの郷愁を誘った。この映画がヒットした一因は、そのような地域共同体が、もはや簡単には再構築しがたいことが背景にあるのだろう。

ただし、「現在は地域共同体が崩壊した」という言い方は正確ではない。子ども会活動などが盛んな地域は、今でも少なくないからだ。しかし、良くも悪くも隣の家で何をしているのかわかるような地域共同体は、日本では、もはやほとんどないだろう。地域協同体を何とか少しでもよい形で継続させつつ、それを補完しうるものは何だろうか。

現在は、インターネットを始めとする通信手段のおかげで、地理的条件を越えてネットワークを築くことが比較的容易にできるようになった。希薄な人間関係などネット社会の問題点は多々指摘されているが、これからの共同体は、そうしたネットワークの中に築かれていくことにますます重きが置かれることになるだろう。個人がなにがしか頼りにできる情報は、むしろ弱い繋がりしかない人からのもののほうが有効な場合もある。社会学者のグラノベッターは 1970 年代にすでに、「弱い紐帯の強さ（The strength of weak ties)」という言葉でそれを表現しており、それがあらためて見直されるべきときかもしれない。

（伊藤哲司）

（笑）。

伊藤　ないほうがいいというのは、逆説的にですけれどもそうですよね。フリースクールという存在もそうだと思いますし、今ふと思い出したのは夜間中学の話ですね。日本に中学校の夜間があるっていうのはご存知でしょうか。義務教育の中学校ですけれども夜間があります。全国で30数校ですかね。東京と関西に集中していますけれども、そういうところで要するに昔教育を受けられなかった年配の方だとか、あるいは外国籍の方がたくさん学んでいます。「寅さん」を撮った山田洋次監督が作った「学校」というシリーズの映画の第一作目は、夜間中学が舞台でした。

　私は、東京にある夜間中学に、もうずいぶん前ですけれども何回か行ったことがあります。そのとき思ったのは、こういう中学校はないほうがいい。ないほうがいいっていう意味は、今すぐなくしてしまえという意味ではけっしてなくて、そういうところに通わなければいけない人がいるこの社会を問いたかったわけです。ですから、そういう人たちが生み出されないような社会のほうがいいだろうという意味で、夜間中学の存在というものはないほうがいいと。でも現状では、なくてはならない学校だと強く思いました。

　私たちが生きているうちはなかなか社会の大きな変化も来ないかなと。でも少し変えていくことはできると思うんですね。

中原　そうです。ですからあきらめずに頑張って、不登校・ひきこもり問題は結局、社会の問題であり、個人の問題であるということですべてがリンクしてくるので、関係のない職業や人はありませんから、なるべく多くの人たち、多くの団体、多くの職種の方々に協力を求めて、一緒にやっていければと思っています。今日この会場に来てくれている人たちも、「私にもできることがあるんじゃない?」と気楽に考えていただいて、ね、一歩を踏み出してもらえれば、より輪が広がるかなと思いますね。

伊藤　お神輿の揺れ方はなかなか簡単には変えられないですが、でも絶対に変えられないわけではない。不可能ではないと思います。そういう希望や夢を、私たち大人がしっかりともち、筋の通った生き様を子どもたちに見せていきたいものですね。そのためにも、子どもたちに説教をする前に、大人たちこそが自らの問いかけ、変わっていく努力をしなければ。一人だけでそれをやるのは困難でも、ネットワークとしてつながり、ささやかにでも努力を重ねていけば、いずれ社会を変えていけるはずだと私は信じています。

あとがき

トークライブ当日は私も参加していました。そして今、あらためて振り返り考えてみました。「私があの日、あの場所に居た意味は?」と。

それはもちろん、中原さんとの写真詩集『永遠などないと思っていたから』(新風舎)で写真を担当したからであり、また普段も中原さんの友人として勝手に「スキー隊長」なるものを名のり、『＊燦＊キッズ』にスキーを教えたりしているからとも言えるのですが、今回のトークライブで明確になったのはこういうことでした。

伊藤先生のように心理学の専門的な知識があるわけでも、中原さんのように心理的なケアの現場の経験があるわけでもない。しかし、当事者を取り巻く人間の一人として、社会を構成する人間の一人として、「何かが出来る」という可能性のひとつを示すことができる…。それがあの日の私の存在意味だと。

普段、何の気なしに『Future School ＊燦＊』を訪れ、『＊燦＊キッズ』それぞれの深い事情なども知らずにありのままの私で楽しく過ごす、そんなことが実はとても大きな意味をもつのだと、今回あらためて気がついたのです。また、そんなことが可能な『Future School ＊燦＊』のよさも。

また、もうひとつ「あの日の私の存在意味」がありました。それは「コミュニケーション」についてです。この本を手にするみなさんは、当事者あるいはそのまわりの人々、また心理学、教育関係の専門家、そしてそれらの分野に興味をもっている人がほとんどではないかと思います。ですから、心理、教育といった方面について、この場で私が偉そうに書けることなどありません。しかし、トークライブ当日、会場には私と伊藤先生の写真、そして中原さんの詩が並び、「こんなアプローチの仕方も大切なのだ」というメッセージを参加者のみなさんに伝えることを試みました。会議室ではなくギャラリーにおいて、東南アジアの子どもたちや風景、そして普遍をテーマにした詩の中での講演。「言葉」以外のコミュニケーション手段(写真だけでなく、絵や音楽なども含む表現手段全般)が、不登校やひきこもりなどの問題に関しても非常に重要な要素であるということの再確認がそこにはありました。

ちょっと大げさに言えば、日本人はこの方面に関してまだまだ「発展途上」であり、コミュニケーション全般において世界に比べ「ヘタクソ」な面をもっていると思います。文中の伊藤先生のお言葉の中に、物事に対するリアクションが成長と共に鈍くなってゆくことに対する警鐘がありますが、リアクションもコミュニケーションを構成する大きな一要素であり、それが「鈍く」なってゆくことはコミュニケーション能力の低下と無関係ではないと思います。私自身も自分が「鈍く」なっていっているのではないかという恐怖感をもちつつ、いつまでも「感じる」ことに敏感でありたいと思いますし、そうであることがいきいきと「生きる」のに大切なのではないかと思います。

　話が少し横道にそれましたが、私自身が、またこの本を読んでいるあなた自身が、そして社会を構成するすべての人が、不登校やひきこもりなどの問題とけっして無関係ではないということを、この本を読めば納得できると思います。私なりにできることを、あなたなりにできることをコツコツと積み重ねていけば、社会全体の意識を変化させ、そういった問題が起こらないようにすることができるかもしれません。

　そうなればいつの日か、中原さんがフリースクールのリーダーという役割を終え、詩人と名のれる日が来るのではないでしょうか。

　そうなるといいですね。

写真家　政井義和

ありのままの笑顔で…

光ほのか

中原恵人

リセットボタンは押しません
すべてはつながっているのだから

振り返ったりもしません
名誉も後悔も初めからありはしないのだから

いちいち理由を探しません
きっかけも結果も自分の中にあるのだから

誰かのためや　何かのためとも考えません
それは傲慢というものだから

言葉で薄めてしまったりしません
動いた距離がすべてを語るものだから
真ん中に立って「しょうがない」とも言いません
真実は両極にひとつずつあるものだから

溶け合うけれど交わったりはしません
それこそが本当の力になるのだから

心と表情を使い分けたりもしません
喜び 悲しみ 自信 不安 愛情 怒り すべてが必要なものだから

一度つないだ手と手を離したりしません
たとえあの虹を越えられなくても

だから光ほのか

小さな祈りを集めて
僕が君で　君が僕

一度つないだ手と手を　決して離したりはしません

中原　恵人（なかはら・しげと）

1970年5月22日生まれ　茨城県つくば市在住

筑波大学在学中から、政治・教育・農業・ライブハウス経営と様々な活動を展開するも、そばにはいつも音楽と詩と子供達が。現在もNPO法人『Future School ＊燦＊』理事長として「不登校・ひきこもり」の子供達と日々共に過ごしながら、創作体現チーム「Ryu-NOS' ～りゅうのす」を率い、精力的に音楽・執筆・講演活動を行っている『With Kids 詩人』（子供達と共に生き、詩を紡ぐ人の意）。

ホームページ　http://www.future-school-sun.com/

主な著書

『永遠などないと思っていたから』（共著）　2006年　新風舎

『そして時代の青に消えてゆく』（共著）　2000年　サンクチュアリ出版

伊藤　哲司（いとう・てつじ）

1964年5月19日生まれ　茨城県水戸市在住

茨城大学人文学部教授として社会心理学の研究・教育にあたっている。1998～1999年のベトナム・ハノイでの在外研究をきっかけに、戦争や平和の問題、学校教育における子どもの問題、持続可能な社会をどう作っていくのかというサスティナビリティ学の問題などに意欲的に取り組んでいる。

ホームページ　http://www.tetsuji.com/

主な著書

『アジア映画をアジアの人々と愉しむ：円卓シネマが紡ぎだす新しい対話の世界』（共編著）　2005年　北大路書房

『常識を疑ってみる心理学（改訂版）:「世界」を変える知の冒険』　2005年　北樹出版

『ベトナム　不思議な魅力の人々：アジアの心理学者　アジアの人々と出会い語らう』　2004年　北大路書房

『心理学者が考えた「心のノート」逆活用法』2004年　高文研

北大路ブックレット【04】

これほどまでに不登校・ひきこもりを生み出す社会とは何なのか？

2008年３月５日　初版第１刷印刷
2008年３月15日　初版第１刷発行

定価はカバーに表示してあります

著　者　中原　恵人
　　　　伊藤　哲司

発行所　㈱北大路書房
〒603-8303　京都市北区紫野十二坊町12-8
電話（075）431-0361㈹
FAX（075）431-9393
振替　01050-4-2083

印刷・製本／亜細亜印刷㈱
検印省略　落丁・乱丁本はお取り替え致します。
ISBN978-4-7628-2597-2　Printed in Japan